Ef 7. Oktober 1997

dtv

Dieser literarische Wegbegleiter versammelt Texte und Textauszüge der Weltliteratur von der Zeit an, da das Freizeit-Wandern »erfunden« wurde – das war das 18. Jahrhundert Rousseaus – bis in unsere Gegenwart, die etwa in Bruce Chatwin einen der literarischsten Wanderer überhaupt hatte. Dazwischen liegt ein weiter Weg, auf dem einiges passiert: Nicht etwa chronologisch, sondern nach wanderspezifischen Themen werden die literarischen Bündel geschnürt, und so begibt man sich auf GRATWANDERUNGEN mit Marcel Proust, Thomas Mann oder Peter Handke, trotzt WIND UND WETTER mit Ludwig Tieck und Max Frisch, philosophiert auf GEDANKEN-GÄNGEN mit Kierkegaard und Nietzsche, aber auch Poe und Kleist und gerät AUF ABWEGE mit Joseph Roth und Kurt Tucholsky. VERLIEBTE WANDERER sind Bettine von Arnim und Hermann Hesse, und Mark Twain sinniert AM WEGESRAND über die »Hohlköpfigkeit der Durchschnittsameise«... Noch nicht einmal ein Sechstel der Weggenossen ist damit benannt, die man mit Gewinn befragen kann, wenn es unsereinem angesichts der Schönheit des Gesehenen die Sprache verschlägt.

Die Herausgeber: Alexander Knecht (*1959) ist freier Journalist beim Südwestfunk in Baden-Baden; Günter Stolzenberger (*1953) ist wissenschaftlicher Autor.

Die Kunst des Wanderns

Ein Literarisches Lesebuch

Herausgegeben von
Alexander Knecht und
Günter Stolzenberger

Deutscher Taschenbuch Verlag

Herausgegeben und mit einem Nachwort versehen
von Alexander Knecht und Günter Stolzenberger

Originalausgabe
Mai 1997
2. Auflage Oktober 1997
Deutscher Taschenbuch Verlag GmbH & Co. KG,
München

Umschlagbild: ›Getreidefeld‹ von Milan Generalic
(© Kunsthandel und Edition Luka Bašic, Wien)
Satz: Design-Typo-Print, Ismaning
Druck und Bindung: C.H. Beck'sche Buchdruckerei,
Nördlingen
Gedruckt auf säurefreiem, chlorfrei gebleichtem Papier
Printed in Germany · ISBN 3-423-20030-8

Inhaltsverzeichnis

JENSEITS DES LÄRMS

NÄHER AN DER ERDE

BEI WIND UND WETTER

GRATWANDERUNGEN

GEDANKEN-GÄNGE

SCHWEIGEND INS GESPRÄCH VERTIEFT

DER VERLIEBTE WANDERER

WANDERER AUF ABWEGEN

WO DIE WEGE ENDEN: FORT-SCHRITTE

DER EWIGE WANDERER

Vorwort

Was, bitteschön, hat Wandern mit Kunst zu tun und was hat ein literarischer Begleiter in einem Rucksack zu suchen, in dem doch ein gutes Stück Käse viel besser aufgehoben wäre? Nehmen Sie den Käse unbedingt mit, aber packen Sie auch dieses Buch mit ein. Sie werden es nicht bereuen, wenn Sie bei einer Rast an einem See, ›ausgestreckt am Hügelhang‹, mit Fontane die Stille entdecken, nachdem Sie den Käse genossen haben und von einem Schlückchen Rotwein träumen. Oder wenn Sie mit Thoreau den wahren Geschmack der Heidelbeere kennenlernen. Oder wenn Sie abends bei einem Schoppen noch einmal mit Tucholsky durch die Kneipen des Spessarts ziehen.

Die Absicht dieses Buches ist einfach: Wir wollen Sie begeistern, nicht nur für das Wandern, sondern auch für die großartige Natur, so wie sie heute noch zu erleben ist. Wir wollen Ihnen damit nicht unbedingt ins Bewußtsein rufen, wie es um die Natur bestellt ist. Unser Buch soll Ihnen vor allem Spaß machen, es soll Ihre Sinne wecken für die Symphonie der Düfte und Töne, die der Wind Ihnen um Nase und Ohren weht, für die Komik einer Ameise, für die Dramatik, die eine Landschaft für einen Verliebten beinhalten kann oder einfach für die Schönheit einer Blume.

Wie beim Wandern, so kann man auch in dieses Buch, das als Vorlesebuch gedacht ist, einsteigen, wo immer man will. Nähere Informationen zum gedanklichen Hintergrund und zur Geschichte und Theorie des Wanderns finden sich im Nachwort.

Walt Whitman
Der Aufbruch

Fort denn und den göttlichen Bogen, so straff, so lang, gelockert und entspannt! Fort von Gardine, Teppich, Sofa, Buch – von der »Gesellschaft« –, vom Haus in der Stadt, von der Straße und von Fortschritt und Luxus – hin zu dem urtümlich sich schlängelnden, bereits erwähnten, bewaldeten Bach mit seinen unbeschnittenen Büschen und grasbewachsenen Ufern – fort von Verbänden, engen Schuhen, Knöpfen und dem ganzen starren Leben Zivilisierter – aus der künstlichen Umgebung von Läden, Maschinen, Ateliers, Büros, Salons –, von den Schneidern und modischen Kleidern – vielleicht überhaupt von Kleidern, einstweilen, denn die sommerliche Hitze nimmt zu dort draußen in der feuchten, schattigen Einsamkeit! Fort, du Seele (laß mich einzig dich, lieber Leser, auswählen und mit dir völlig frei, ungezwungen, vertraulich reden), einen Tag und eine Nacht lang wenigstens, zurück an unser aller nackte Lebensquelle.

DER WEG IST DAS ZIEL

Gustave Flaubert
Kleine Pfade

Gräben voller Buschwerk zogen ruhig und gleichmäßig an ihren Blicken vorüber. Weiße Strahlen durchdrangen wie Pfeile die hohen Farnkräuter; dann und wann zeigte sich geradeaus vor ihnen ein Weg, den keiner mehr benutzte; und an manchen Stellen wuchsen Gräser empor, weich und sanft. Mitten auf der Wegkreuzung streckte ein Kruzifix seine vier Arme aus; dann wieder ragten Pfähle schief wie tote Bäume, und kleine krumme Pfade, die sich unter dem Blätterwerk verloren, weckten die Entdeckerlust.

Walt Whitman
Beim Betreten eines Farmweges

Wie jedermann seine Hobbys und Neigungen hat, so bevorzuge ich echte Farmwege, eingefriedet mit alten Kastaniengittern, graugrün, mit Moos und Flechten bewachsen, reichlich Unkraut und Dornengesträuch wächst stellenweise auf den Haufen von gelegentlich zusammengesammelten Steinen zu Füßen des Zaunes – unregelmäßige Wege dazwischen und Trampelpfade von Pferden und Kühen – all die charakteristischen Begleiterscheinungen, die in ihrer Saison die Gegend kennzeichnen und durchduften – Apfelblüten in der zweiten Aprilhälfte – Schweine, Federvieh, ein Feld August-Buchweizen, und auf einem anderen die langen wogenden Rispen des Maises – und so gehts zum Weiher, der Ausweitung des Flusses, einsam schön, mit jungen und alten Bäumen und stillen Winkeln und schönen Aussichten!

So führt er fast zur Quelle unter den Weiden. Wohlklingend wie sacht angestoßene Gläser – ergießt er sich in einen ansehnlichen Lauf, so dick wie mein Hals, rein und klar, heraus aus ihrem Born, wo die Böschung sich darüberwölbt wie eine große braune, struppige Augenbraue oder ein Gaumen – murmelt, murmelt unablässig; – meint natürlich etwas, sagt etwas (wenn man es doch nur übersetzen könnte!) – murmelt dort immerzu, das ganze Jahr hindurch – ohne Unterlaß. Im Sommer Unmengen von Minze und Brombeeren – der Wechsel von Licht und Schatten – gerade der rechte Ort für meine Sonnenbäder im Juli und Wasserbäder auch, hauptsächlich aber das unnachahmliche zarte Gurgeln, wenn ich an heißen Nachmittagen dort sitze.

Wie das und alles andere in mich strömt, Tag für Tag – alles verwahrt – der wilde, gerade spürbare Duft und das Gesprenkel von Blätterschatten und alle die natur-medizinischen, elementar-moralischen Einflüsse dieses Ortes.

Plätschere weiter, Bächlein, mit jener dir eigenen Ausdrucksweise! Auch ich werde zum Ausdruck bringen, was ich gesammelt habe in meinem Leben und meiner Entwicklung – Angeborenes, Unterirdisches, Vergangenes – und jetzt dich. Schlängle dich deines Weges – ich geh mit dir, wenigstens eine kleine Weile. Da ich dich so häufig besuche, Saison für Saison, du kanntest mich nicht, wußtest nichts von mir (doch warum sich dessen so sicher sein? wer kann es sagen?) – ich aber will lernen von dir und bei dir verweilen – von dir empfangen, dich kopieren und drucken.

Kurt Schwitters

Der eigene Weg

So ist der Weg. Wir kennen ihn. Wir gehen ihn, weil wir ihn kennen. Das Ziel ist dunkel, aber hell der Weg. Der Weg ist hell, wenn wir ihn gehen wie ein Kind an Gottes Hand. Und mag es auch gefährlich scheinen, wir wissen, daß für uns der Weg, den wir gerade gehen müssen, der beste Weg von allen Wegen ist.

Wenn wir nicht fragen nach dem Zweck und Ziel, wenn wir vertrauen, daß der Weg, den wir erwählen, der einzige von allen Wegen ist, dann haben wir die Kraft, den rechten Weg zu finden. Und dabei ist es gleich, ob wir auf uns vertrauen, auf uns selbst, daß wir das Richtige finden müssen, oder auf Gott – ein Wesen außer uns – und ob wir Gott als Schicksal oder als Gesetz erkennen, oder an den Gott der Kirche glauben, der schon der Gott der Väter war.

Nur eins ist für uns von unbegrenzter Wichtigkeit, daß wir den Weg erkennen.

Dem einen ist die breite Straße richtig, dem andern ist es der schmale Weg. Der eine fährt bequem im Wagen und der andre geht, der Dritte klettert steil hinauf und steil hinab. Der eine ist sehr langsam und der andere schnell. Nur eines wäre falsch, den Weg des anderen statt des eigenen zu begehen.

So ist der Weg.

Wir kennen ihn, wir gehen ihn und sind zufrieden.

Otto Friedrich Bollnow
Der Wanderpfad

1. Das Wandern

(...) Der Wanderer benutzt die stilleren, weniger befahrenen Wege, er bevorzugt die Fußwege, die ihn zugleich tiefer in das Innere der Landschaft hineinführen. In diesem Zusammenhang beginnt auch die Schaffung besondrer Wanderwege, etwa im Schwarzwald, die von den großen Wandervereinigungen angelegt werden und die nicht nur den Wanderer von den Belästigungen der Fahrstraße befreien, sondern die ihn auch in Gegenden führen, die auf größeren Straßen schwer erreichbar wären, und zu Höhepunkten landschaftlicher Schönheit, die abseits von den zweckgebundenen Verbindungslinien liegen. (Man könnte auch an die von den Kurorten angelegten Spazierwege denken, obgleich diese, ihrem besonderen Zweck entsprechend, kein eigentliches Wandern erlauben.) Aber trotz aller eigens geschaffener Wege bleibt der Wanderer in den meisten Fällen auch weiterhin auf die schon bestehenden Wege angewiesen, wenn er sie auch auf seine besondre Weise benutzt.

Darum fragen wir vom Menschen her: Welches ist die besondre, von den übrigen Formen des Reisens verschiedene Eigenart des Wandern? Welches ist die ihm entsprechende Eigenart des Wanderpfads? Und welches ist die Art, in der sich beim Wandern der Raum erschließt? Das eine nahmen wir schon voraus: Der Wanderer wandert nicht, um ein bestimmtes Ziel auf dem schnellsten Weg zu erreichen, sondern er wandert um des Wanderns willen. Das Wandern ist Selbstzweck. Das heißt nicht, daß er sich nicht auch ein Ziel setzt, einen Berg zu ersteigen, einen Aussichtspunkt zu besuchen und abends ein Gasthaus zu erreichen, aber diese Ziele dienen nur dazu, seiner Wanderung einen Inhalt zu geben. Auch mag es vorkommen, daß jemand, der eines bestimmten Ziels wegen aufgebrochen ist, unterwegs vom Zauber der Landschaft ergriffen, in die

Haltung des Wanderers hineingekommen ist. Aber dann hat er sein Ziel vergessen und hat einen Umschlag seiner inneren Verfassung erfahren.

Mit der Ziellosigkeit verbindet sich das zweite: Der Wanderer hat keine Eile. Er bleibt stehen, wo eine Aussicht oder ein Anblick ihn erfreut, immer zur stillen Betrachtung bereit. Ja er bleibt auch ohne äußeren Anlaß stehen, nur weil er in seinen Gedanken versunken ist. Der Wanderer ist immer zur Träumerei geneigt.

2. Der Pfad

Dem entspricht auch die Form seines Weges, der eigentliche Wanderpfad. Wir vergegenwärtigen uns sein Wesen am besten, wenn wir ihn von der Landstraße, besonders der modernen Autostraße, abheben. Die Landstraße ist künstlich angelegt. Sie ist für ihre Zwecke besonders hergerichtet, indem sie aus der sonstigen Landschaft herausgeschnitten wird. Die Unebenheiten des Geländes werden beseitigt, die Hindernisse aus dem Wege geräumt. Der Boden wird gepflastert und neuerdings sogar asphaltiert. Man kann auf ihr marschieren, und das bedeutet, ohne auf die Bodenbeschaffenheit zu achten, in die Welt hineinstoßen. Die Hindernislosigkeit des ebenen Bodens ist immer schon vorausgesetzt, nicht anders als beim Bürgersteig der Städte. Die Straße ist ein durch und durch künstlich hergestelltes Ding. Sie wird darum in Heideggers zugespitzter Sprache mit Recht als »Zeug zum Gehen« und mehr noch als Zeug zum Fahren bezeichnet. Sie ist als Werk der Technik durch eine scharfe Grenze aus der Natur herausgehoben. Der Straßenbelag trennt den Fuß vom Erdboden. Der Straßenrand zeichnet sich scharf ab: Was jenseits liegt, ist für den, der die Straße benutzt, eine andre Welt, ein wie durch eine gläserne Wand von ihm getrennter bloßer Anblick und verblaßt mit steigender Fahrgeschwindigkeit immer mehr zum bloßen Panorama.

Der Wanderpfad ist in allem das Gegenteil. Er will nicht sein Ziel auf dem nächsten Weg erreichen. Er windet sich durch die

Landschaft, weicht einem Hindernis aus und schmiegt sich den Geländeformen an, wo der Straßenbauer sie durch einen entschiedenen Eingriff vergewaltigt hätte. Hier ist der Boden nicht künstlich zubereitet. Das Äußerste sind ein paar Steine, die über eine sumpfige Stelle gelegt sind, um trocken darüber hinweg zu kommen, oder ein Steg über einem Bach. Darum muß sich der Wanderer dem Boden anpassen. Er kann nicht mehr im gleichmäßigen Schritt, taktmäßig, wie beim Marschieren, darüber hinweggehen. Linschoten hat dies sehr glücklich dargestellt: »Der Sand, der Felsenpfad, der natürliche Boden nehmen schon deshalb den Wanderer auf, weil sie ihn zwingen, den Schritt jeden Augenblick zu wechseln, den Fuß dem Boden anzuschmiegen. Der Wanderer paßt sich geschmeidig an, er fügt sich der Landschaft; wer im Gehen den Fuß verrenkt, hat die Landschaft nicht richtig verstanden. Kurze oder lange Schritte macht man je nach der Beschaffenheit des Bodens und in lebendiger Einheit mit diesem. Das Wandern fließt unregelmäßig wie ein Bach über das unebene Flußbett hin.« Darum aber ist der Wanderer nicht mehr von der Landschaft getrennt, sie ist nicht mehr ein Bild, das an ihm vorüberzieht, sondern er wandert wirklich durch die Landschaft hindurch, er wird ein Teil von ihr, wird ganz in sie aufgenommen.

3. Ziellosigkeit und Zeitlosigkeit

(...) Wenn aber der Wanderer so imstande sein soll, sich ohne Ungeduld den Windungen des unbestimmt verlaufenden Wanderwegs zu überlassen, dann muß er sich selber in einem entsprechenden Zustand befinden, in einem Zustand fehlender Zielstrebigkeit und ruhigen Verweilens im Augenblick. Darin liegt zugleich der zweite Wesenszug, den wir beim Wandern herausgehoben haben: das veränderte Verhältnis zur Zeit. »Der Landweg kennt keine Eile und geht, wie es sich gerade fügt«, sagt Linschoten, und wer sich ihm überläßt, der darf ebenfalls keine Eile haben. Er muß vielmehr Zeit haben, Zeit, sich in die Schönheiten zu versenken, die Blumen und Farne zu betrachten, den kriechenden Käfern und huschenden Eidechsen, den flatternden Faltern und schwirrenden Libellen nachzusehen, den sommerlichen Duft des Thymians oder des Harzes der Kiefernwälder genießerisch einzusaugen, auf das ferne Hämmern des Spechts zu achten oder den Ruf des Kuckucks mitzuzählen, sich vom Plätschern des Bachs oder dem Rauschen der Baumwipfel einschläfern zu lassen usw. Ich brauche die Bilder nicht zu beschwören, die wohl jeder aus der beglückenden Erinnerung ähnlicher Erfahrungen an solchen Wandertagen mitbringt. Zeit und Welt versinken in einem Glück der reinen Gegenwart. Wir erinnern noch einmal an den »Taugenichts«, für den es ein »ewiger Sonntag« war. Vielleicht wäre es schon zu viel, zu sagen, daß die Zeit überhaupt aufgehört habe, aber sie hat ihren unruhigen, vorwärts ziehenden Charakter verloren. Die Uhr mahnt nicht mehr, indem sie an bevorstehende Forderungen erinnert. Nur am Tageslauf, am Gang der Sonne und der Gestirne, ist die Zeit noch gegenwärtig. Aber das ist im Unterschied zur Hast der Landstraße ein andrer, ruhiger und beruhigender Rhythmus, von dem der Mensch hier aufgenommen wird.

Günter Kunert
Geschichte einer Landschaft

Gerade in dieser Landschaft hat der Begriff des Wanderns noch Realität, weil sie, die Landschaft, durch ihren Wuchs zu dieser speziellen Fortbewegungsweise zwingt, und nirgendwo sonst könnte der Schein romantisch-sentimentaler Fußgängerei echter sein als hier, hier in der Sächsischen Schweiz, hier im Elbsandsteingebirge, das weder ein Gebirge ist (maximale Höhe 561 m: der Zschirnstein), noch auf irgendeine Art schweizerisch. Es ist eine Landschaft von absolut eigener Art, die gestellt, entworfen, von Hand errichtet scheint: hier kommt die Natur der Vorstellung von Natur, wie die Romantik sie schuf, hautnahe. Daß die deutsche Landschaft in jener Epoche entdeckt und die Kunst einbezogen wurde, ist zwingend; erstaunt wird der heutige Wanderer merken, daß seine Brille noch den Schliff des frühen neunzehnten Jahrhunderts hat, schaut er auf das sich mit jedem Schritt verändernde Panorama: Die Wege und Pfade winden sich feucht und blätterschuppig vor seinen Füßen; stets geht es um Felsecken, stets öffnet sich eine neue Perspektive hinab in enge schwarzklaffende Erdspalten oder auf das turmähnliche Gestein, das aussieht, als sei es irgendwann unvermittelt aus dem Boden gewachsen.

Weitblick herrscht von manchem Punkt, basteigleichem, auch so genanntem, hoch über der Elbe. Wenn der Wanderer, bequem am Tisch des Restaurants auf dem Luginsland oder auf die Quadermauer gestützt, hinunterschaut auf den Fluß, der nicht vom Fleck kommen will, flüstern, nein ›raunen‹ ihm die Zweige den passenden Wortschatz zu, dem der Moment und die wunderliche sonnenerleuchtete, zu selten erlebte Weite und Ferne Glaubhaftigkeit und Echtheit geben: Gold, nicht Doublé der ›träge sich wälzende Strom‹, der ›silbrige Dunst‹, die ›grüßenden Höhen‹, und was die Herren Tieck, Chamisso, Hauff, Brentano, Arnim sonst noch an sprachlichem Kunstgewerbe hervorgebracht: zauberhaft trotz allem. Der Sandstein, in sich gemustert von unterschiedlich getönten Schichten, zernagt von Witterung, ragt in knolligen, knotigen, häufig phallischen Formen auf, liegt in gewaltigen, weggeworfen wirkenden Klumpen.

Natur: aber überall Chiffren menschlicher Durchdringung und Anwesenheit. Hier und da an den Felsen Initialen, dort eine Jahreszahl ›1774‹ ins Gestein gehauen, verwischt von verborgenen Quellen, von feuchter Ausdünstung des Waldes, gelblich und grünlich überwuchert von Flechten und Moos, verbinden den Wanderer durch das unzertrennbare Band der Zeit mit seinen Vorgängern, Vorwanderern.

Rinnsale, in wechselnder Tonlage brabbelnd, die im Winter unter der dichten, wärmenden Schneedecke noch zu hören sind: die sinnlose, sprachlose Stimme unserer Allmutter, der närrischen Greisin, die wirr und irr redete. Farbige Zeichen an den Bäumen und Steinen, Markierungen der Wanderwege, leiten den Wanderer zu Plätzen, deren Namen unentschlüsselte Magie enthalten: Hirschleckhorn, Satanskopf, Leuchterweibchen, Verborgenes Horn, Vergessener Kegel.

Der Eingang in die skurrile Landschaft wird von einer Festung flankiert und bewacht: Königstein, Sperrfort, das den Wagenverkehr oder den zu Schiff auf der Elbe ins Böhmische abriegeln konnte. (...)

An der gleichen Stelle liegt dem Wanderer das gleiche Land zu Füßen, aus dem übergangslos wie erloschene Vulkane Gesteinskegel aufsteigen: Pfaffenstein, Papststein, Lilienstein, Relikte des Meeresgrundes, den sie einst bildeten, zurechtgeschliffen von Rinnsalen, Fließen, Bächen, Flüssen, die immer tiefere Cañons fraßen, den Boden abtrugen, um am Ende, nicht mal am Ende, keins ist abzusehen, diese Stumpen stehenzulassen.

Sie haben sich in den hundert Jahren seit Königgrätz nicht verändert: wohl aber die Geschichte. Sicherlich hoffte der Kommandant hier oben auf das Versagen des Zündnadelgewehres, auf den Sieg Benedeks, sah er schon die Preußen retirieren, Bismarck sich auf seine Klitsche zurückziehen, märkischen Kohl zu pflanzen, Sachsen mit Österreich assoziiert zur Triple-Monarchie und Brandenburg-Preußen zur bedeutungslosen Grenzprovinz absinken. Aber Benedek hat versagt und das Zündnadelgewehr nicht: Schad drum. So hat denn Preußen Deutschland groß gemacht und kleingekriegt im bittersten Wortsinn. Wie viele Festungen wurde auch diese später Haftanstalt: der Sozialdemokrat August Bebel saß hier ein, und im Zweiten Weltkrieg französische Generale, darunter Admiral Darlan, der entfliehen konnte.

Die Geschichte eines anderen Festungswerkes (und die Festungen und Burgen sind Grenzscheide zwischen Ost und West vor neunhundert Jahren), einer Burg jenseits der Elbe, Hohnstein nämlich, reicht ebenfalls bis zu uns, nur ist sie weitaus schlimmer; ein ungefüger Kasten, eisengrau, auf einem überhängenden Felsen erbaut, der über hundert Meter abfällt: genau an dieser Stelle befindet sich die Bronzetafel zum Gedächtnis jener, die im tiefen Mittelalter vor 57 Jahren hier heruntergestürzt wurden, indes wenige Schritte entfernt der Herr Apotheker seinen Gallentee mischte und der Herr Konditormeister seine Torten überzuckerte.

Hier bestand ein KZ der ›ersten Stunde‹, in Betrieb von 1933 bis 1934: ein Mahnmal vor dem Burgtor, eine kleine Ausstellung über den Widerstand in diesem Gebiet, Tonnengewölbe, die Hinweise, aber keine Blutspuren mehr tragen, konservieren die Erinnerung. Ob noch dieselben Apotheker und Konditoren in Hohnstein ihre nützliche, notwendige Existenz führen, weiß der Wanderer nicht: wohl aber weiß er, daß in diesem Städtchen Wohlanständigkeit und Terror, Schrecken und Geruhsamkeit dichter nebeneinander bestanden haben müssen als anderswo, und zu fürchten ist, daß sie hier eine Symbiose eingingen.

Die freundlichen Häuschen sind unverändert da, und wie ihnen die Zeitläufe bekommen sind, verraten sie mit keiner Fensterfalte, mit keinem Dachtraufenzucken. Und da sind noch die Schatten der Getöteten, die in den Ecken halbdunkler Burgkammern sich erbarmungswürdig regen, sobald die Dämmerung kommt. (...)

Gesetzte Touristen, früher ›Sommerfrischler‹, klappern mit den Metallspitzen ihrer Bergstöcke über Schandaus Pflaster in die Cafés und Restaurants, Berge von Kuchen und Torten mit Schlagsahnegipfeln zu bewältigen: ihnen auf dem Fuße die Kurgäste, schlechten Gewissens den gleichen leiblichen Genüssen zustrebend, die der Arzt ihnen untersagt hat; dazwischen wirkliche Wanderer und Bergsteiger in Kniehosen, dickwollenen Wadenstrümpfen, Wanderstiefeln, Rucksäcken, entschlossen, den Mount Everest zu bezwingen, wagte er nur, hierorts anwesend zu sein.

Bergfrau und Felsmann besteigen in Schandau die Kirnitzschtalbahn, eine etwas eingeschrumpfte Straßenbahn, und lassen sich durch das schmale, feuchtkalte Tal schunkeln, vorbei am Waldhäusl, Forsthaus, Beuthenfall bis zur Endhaltestelle Lichtenhainer Wasserfall, dem Mekka der Schandauaner. Ungesäumt betritt man hier die Natur: sie kommt dem Wanderer einladend bis zur Haltestelle entgegen, denn sobald er an der Schienenschleife eingleisiger Streckenführung den Bach, die besagte Kirnitzsch, mit seinem Schritt, bestenfalls mit zweien überquert, umringen ihn schon Fichten, als hätten sie nur auf ihn gewartet; dumpf und stumpf starren ihn Felsen an, daran sich Baumwurzeln klammern, angestrengt und sehnig, den Anschein erweckend, sie und nichts anderes hielten die steinerne, aufeinandergetürmte Natur zusammen.

Aufwärts, immer aufwärts geht es, schwerfälliger bald, langsamer und tief atmend, ungewohnter Gangart wegen, um doch noch, obwohl der Glaube schon sank, am Ziel einzutreffen: der zweiseitig offenen Grotte, neun Meter breit, zwischen fünf und zwölf Meter hoch; oben auf dem Bogen stand im fünfzehnten Jahrhundert eine Burg, was sonst, der ›Wildenstein‹, später Raubritternest, heute restlos verschwunden. Unten im Riesentor versteckten während des Dreißigjährigen Krieges Lichtenhainer Bürger sich selbst und ihr Vieh, was der Höhle den Namen ›Kuhstall‹ eintrug. (...)

Weiter wandert der Wanderer, um nach Stunden, im Auf und Ab der verschnörkelten Pfade zu entdecken, daß nicht allein die grotesken Züge der Landschaft ihr Wesen prägen, nachdrücklicher noch die Einsamkeit. Hat man eben noch mit einer Gruppe von Menschen das Kirnitzsch-Brückchen überschritten, ist man eben noch im überfüllten Fahrstuhl zweiundsechzig Meter hoch zur Ostrauer Scheibe gestiegen, so hört man doch hinter dem nächsten Felsblock nur noch Stimmengemurmel, schwächer werdend, und abirrend von den Hauptwegen auf Seitenpfade wird man glaubhaft nie wieder einen Menschen treffen. Im Frühjahr, im Herbst und erst recht, da dies kein Wintersportgebiet ist, im Winter begegnet der Wanderer bestenfalls einem Fuchs, Rehen, die sich kaum stören lassen, vielleicht noch, aber das nur nahe der Straße, ein paar Holzfällern, Waldarbeitern: die Stille, wenn gemächlich Flocken fallen und kein Wind geht, wird vernehmbar: Abgeschiedenheit, solitüdes

Wandeln wie in Watte, und zweifelhaft durchaus die Existenz einer Zivilisation, die täglich unmäßigen, unermeßlichen, scheinbar unerläßlichen Lärm erzeugt.

Im Herbst spielt der Wald dem Wanderer seine Blätter zu, wirft mit Eicheln und begleitet raschelnd jeden Schritt. Aus dämmrigen Schründen, aus triefenden Klüften, aus pechfarbenen Schlüchten, deren eine exakt die ›Wolfsschlucht‹ des ›Freischütz‹-Librettisten ist, drängt es den Wanderer immer aufwärts, dem blauen, oft grauen, manchmal dunstverklärten Himmel zu, bis endlich eine Kuppe, ein Vorsprung gewonnen ist, von wo die Landschaft übersichtlich wird und er erhoben über sie, erhaben und machtlos. Gewißheit: sie bleibt. Einsicht: dies war oft einzige Zuflucht vor der Malaise einer Nation, die Objekt zentrifugaler Kräfte und Entwicklung, nie eine wurde; kein Land, lauter Länder, lauter Landschaften: das einzig Sichere in der historischen Fluktuation, genannt deutsche Geschichte, war vielen die Heimat. Sie hat das Deutsche Reich, diese Fiktion von Oberlehrern und Stahlfabrikanten, überdauert und erscheint ohne die Last dieses eisernen Reiches von einer Last befreit. Ihre Geschichte schmiegt sich nun an wie das Moos und die Flechten, da sie, die Landschaft, des Zweckes entbunden ist, heroisch zu sein, mythisch, mystisch, Quell der Aggression gegen andersgeartete Landschaften. Ohne die Reichsuniform ist die Landschaft wahrhaft friedlich und ganz bei sich selber zu Haus. Und der Wanderer in ihr.

Jürgen Becker
Die Wirklichkeit der Landkartenzeichen

Nadelwald finden wir dort, wo die Kartenzeichen der Karte den Bereich des Nadelwaldes markieren. Komm mit in das, was eine Lichtung ist. Mitten in der Lichtung müßte nun das Forsthaus stehen; das Forsthaus steht am Rand der Lichtung. Nun zeige mir den Laubwald; es ist ganz einfach, den Laubwald zu zeigen; beeilen Sie sich, mir den Laubwald zu zeigen. Heide; Heidekraut; ich stelle mir vor im lila Heidekraut zu liegen; das Traurigsein; ein Flugzeug über Schweden; ich erinnere mich an die Hexen-Heide mit Manon; die Landkarte zeigt nicht die Spuren der Panzer in der Heide; den Fahrer des Geländewagens warnt das Zeichen für Sand in der Heide. Die Kartenzeichen deuten auf Landschaft in Norddeutschland hin; Strandhafer wächst in Norddeutschland; wo Strandhafer verzeichnet ist, muß Strand sein; da ist der Strand. Man nimmt einen Strand wahr, einen Strand mit Kähnen, einen Strand mit Körben, einen leeren Strand, einen Strand voller Quallen, einen weißen, einen mit zerknackten Muscheln übersäten, einen steinigen, einen Strand voll zerschossener Amphibienfahrzeuge, einen verschneiten, einen schwarzen, einen Strand voller Transistorradios, mit Pferdespuren, voll Seetang, voll Buden mit Hamburgers und Cola, einen FKK-Strand, einen Militär-Gebiet-Strand, einen Strand voller Strandburgen. (...)

Nach einem letzten Blick auf das Meer, auf das Kartenzeichen eines fernen Feuerschiffes, ziehen wir uns nun vom Meer zurück und gelangen zurück wieder in den Wald; es ist Mischwald, kenntlich daran, daß die Zeichen für Nadelwald und Laubwald gemischt sind. Ich reiche dir die Hand, um dir bei deinen Balanceakten über ein Pfützengebiet zu helfen; Hand in Hand folgen wir dem Pfad, der sich in dichten Buschwerk-Markierungen verläuft; Buschwerk, Unterholz, wir suchen was wo's weich und Moos und kein Gezweig reißt, sticht und knackt, Sonne hoch, ganz heiß und Schnaken summen über uns; versteckt, verschwitzt, und komm, und komm. Wie soll es weitergehen. Eine Straße findet man eingezeichnet in der Buschwerk-Gegend, nein, es ist die Autobahn mit einer Autobahnauffahrt, ich erfinde einen Sonntag und Massenverkehr dazu und es paßt dahin die Wiese jenseits der Autobahn als Campingplatz voll rosafarbener Plastic-Geräte zwischen Unterwegs-im-eigenen-Heim-Zelten und Bungalows-auf-Rädern-für-uns-zwei-beide-oder-die-ganze-Familie-mit-Hund; was hören wir denn da: das muß die Luxemburger Funk-Kantine sein. Gänsefüßchen mit Querstrichen bezeichnen eine nasse Wiese. Einige Schritte weiter warnt das Glucksen unter unseren Gummistiefeln vor weiteren Schritten in das Sumpfland, ins Moor. Also Westfalen. Aus dem Moor ragt eine Hand. Verstreut zwischen Seegras, Flügeltang, Rohrkolben, Tüpfelfarn, Sumpfporst, Wasserlinsen und Pfeilkraut liegen Frotteehemden, Caprihosen, Schaumgummikissen, Einwegflaschen, Klapptische, Picknickkoffer, Heinz-Suppendosen, Strandschuhe, Pappteller, Schuma-Kaffeedosen, Becks-Bierdosen, Robertson-Konfitürgläser, Löwensenf-Tuben, Colgate-Tuben, Michelin-Reifen, Good-Year-Reifen, Dunlop-Reifen, Marlboro-Packungen, Autositze, Weihnachtsbäume, Pirelli-Reifen, 59er Opel-Kapitän-Modelle, 48er Sofa-Ausführungen und weiteres Belastungsmaterial, das in eine kritische Abhandlung über gesellschaftlich vermittelte Natur und Leben-im-Überfluß hineingehört. Schöne Gegend hier.

Martin Scharfe

Die alte Strasse

Um die Jahreswende 1987/88 wanderten wir fünf Tage durch die Rhön und kamen nur durch drei Dörfer. Es war, wie der Rundfunkwetterbericht meldete, für die Jahreszeit zu warm. Jedenfalls lag kein Schnee, und die Nächte waren nicht kalt, auch wenn es zuweilen aufklarte und der Mond zwischen den rasenden Wolkenfetzen helles Licht warf. Wegen der kurzen Tage gingen wir schnell, doch war dies nicht der Grund dafür, daß unsere Füße, die in jahrelang eingelaufenen Stiefeln staken, am Ende ganz wund waren. Die Beschwerlichkeit war vielmehr den Wegen anzulasten, die dem Fußwandern fremd geworden sind. Ich meine nicht die zum Teil grundlosen Wege in der unbewohnten Hohen oder Langen Rhön, die weithin der alten, sorgsam versteinten Grenze »KR/KB« (Königreich Preußen, bis 1866 Kurfürstentum Hessen-Kassel/Königreich Bayern) folgen, und die, obwohl auf dem Kamm verlaufend, in den breiten nassen Mulden und Senken eine Ahnung von der Ungänglichkeit der Talwege vermitteln. Vielmehr denke ich an das sich nördlich anschließende Streusiedelgebiet der von der Natur abenteuerlich geformten Kuppen-Rhön, wo die Höfe alle durch asphaltierte Sträßchen vernetzt sind (neben diesen naßglänzenden Bändern gibt es, weil da stacheldrahtparzelliertes Viehweidengebiet ist, kaum ein Durchkommen) – was täten die Bauern heute ohne Auto? Mit dem Auto über das Land: das ist normal, da wird der Fußgänger mit seinem Rucksack zum Anachronismus, und er erfährt es schmerzlich an seinen wundgescheuerten Knöcheln, Fersen, Fußsohlen, Zehen. Hätte er doch, denkt er, die Chance, einen weichen Feldweg zu nehmen; und besser noch wäre ein geschottertes Sträßchen der Art, wie wir uns die alte Chaussee vorstellen. Doch er hat die Wahl nicht mehr. Die Allgegenwart des Asphalts, die Unausweichlichkeit der modernen Straße (und das gerade in dieser vertrackten Minimalform) prägt sich ihm in den Körper ein, im Wortsinne. Es fällt einem der Satz Dolf Sternbergers ein: »Der Verkehr hat dem Reisen das Ende gesetzt.«

Nur der Fußwanderer also, der fehl am Platze scheint oder ist, macht diese schmerzliche Art von Straßenerfahrung, die so völlig anders ist als die Straßen-Erfahrung des Automobilisten, dem der Asphalt Notwendigkeit und Selbstverständlichkeit geworden ist. Und nur der moderne Fußwanderer scheint die Chance zu haben, in Grenzen sinnlich nachzuvollziehen (und nicht nur: nach-zu-denken), was das meint: Straße früher.

BEGEGNUNGEN AM WEGESRAND

Friedrich Hölderlin
Die Eichbäume

Aus den Gärten komm' ich zu euch, ihr Söhne des Berges!
Aus den Gärten, da lebt die Natur, geduldig und häuslich,
Pflegend und wieder gepflegt, mit den fleißigen Menschen zusammen,
Aber ihr, ihr Herrlichen! steht wie ein Volk von Titanen
In der zahmeren Welt und gehört nur euch und dem Himmel,
Der euch nährt' und erzog, und der Erde, die euch geboren.
Keiner von euch ist noch in die Schule der Menschen gegangen.
Und ihr drängt euch, fröhlich und frei, aus der kräftigen Wurzel
Unter einander herauf und ergreift, wie der Adler die Beute,
Mit gewaltigem Arme den Raum, und gegen die Wolken
Ist euch heiter und groß die sonnige Krone gerichtet.
Eine Welt ist jeder von euch, wie die Sterne des Himmels
Lebt ihr, jeder ein Gott, in freiem Bunde zusammen.
Könnt' ich die Knechtschaft nur erdulden, ich neidete nimmer
Diesen Wald und schmiegte mich gern ans gesellige Leben.
Fesselte nur nicht mehr ans gesellige Leben das Herz mich,
Das von Liebe nicht läßt, wie gern würd' ich unter euch wohnen!

Etienne Pivert de Senancour
Die Schönheit einer Osterglocke

Es war trübe und ein wenig kühl; ich war niedergeschlagen; ich ging spazieren, weil ich zu nichts sonst imstande war. Ich kam an ein paar Blumen vorbei, die auf einer halbhohen Mauer standen. Eben war ein Jonquille aufgegangen. Nichts drückt die

Sehnsucht inniger aus; es war der erste Duft in diesem Jahre. Ich fühlte alles Glück, das den Menschen erwartet. Die unaussprechliche Harmonie des Seienden, das Trugbild der idealischen Welt, dies füllte mich gänzlich aus. Nie empfand ich etwas Größeres, und so jäh überraschend. Ich wüßte nicht, welche Form, welche Ähnlichkeit, welche geheime Beziehung es war, die mich in dieser Blume eine unermeßliche Schönheit, den Ausdruck, die Grazie, die Haltung einer glücklichen, schlichten Frau in der ganzen Anmut und im Glanz früher Liebe hat erblicken lassen. Es bleibt mir für immer unfaßlich, dies Überwältigende, Grenzenlose, für das es kein Wort gibt, diese Form, die sich keinem Gefäß fügt, diese Idee einer besseren Welt, die man ahnt und die zu schaffen die Natur sich versagte; dieser himmlische Lichtblick, den wir zu erhaschen glauben, der uns entflammt und fortnimmt, und der doch nichts als ein blasser, irrender, verlorener Schimmer ist im finsteren Abgrund.

Aber dieser Schimmer, dieses elysische Bild, reizender in seiner Unfaßlichkeit, unwiderstehlich durch den Zauber des Unbekannten, unentbehrlich geworden in unseren Leiden und den bedrängten Herzen vertraut – wer, der es nur einmal erblickt hat, kann es je wieder vergessen?

Mark Twain
Die Hohlköpfigkeit der Durchschnittsameise

Während wir rasteten, beobachteten wir gelegentlich die fleißige Ameise bei ihrer Arbeit. Ich fand nichts Neues an ihr – ganz gewiß nichts, was meine Meinung von ihr hätte ändern können. Mir scheint, hinsichtlich ihrer Intelligenz muß die Ameise ein merkwürdig überschätzter Vogel sein. Ich habe sie nun viele Sommer hindurch beobachtet, während ich mich mit nützlicheren Dingen hätte beschäftigen sollen, und ich bin noch keiner lebenden Ameise begegnet, die mehr Verstand zu haben schien als eine tote. Ich spreche natürlich von der gewöhnlichen Ameise; ich habe keine Erfahrungen mit den erstaunlichen schweizerischen und afrikanischen Arten gesammelt, die wählen, stehende Heere besitzen, Sklaven halten und über religiöse Fragen disputieren. Diese besonderen Ameisen mögen ja durchaus so sein, wie sie der Naturforscher schildert, aber ich bin davon überzeugt, daß die Durchschnittsameise ein Schwindel ist. Ihren Fleiß gestehe ich natürlich ein – nur ihre Hohlköpfigkeit mache ich ihr zum Vorwurf. Sie geht fouragieren, sie fängt etwas, und was tut sie dann? Nach Hause gehen? Nein; sie geht sonstwohin, nur nicht nach Hause. Sie weiß nicht, wo Zuhause ist. Ihr Zuhause ist vielleicht nur drei Fuß entfernt; egal, sie kann es nicht finden. Wie gesagt, sie fängt etwas; gewöhnlich ist es etwas, das weder für sie noch für jemand anderen von Nutzen sein kann; meistens ist es siebenmal größer, als es sein dürfte; sie sucht sich die ungeschickteste Stelle aus, um es anzupacken; sie hebt es tatsächlich mit voller Kraft hoch und zieht los – nicht nach Hause, sondern in die entgegengesetzte Richtung; nicht ruhig und vernünftig, sondern mit wahnsinniger Hast, die ihre Kraft vergeudet; sie stößt auf ein Steinchen, und statt es zu umgehen, erklettert sie es rückwärts, wobei sie ihre Beute hinter sich herzerrt, purzelt auf der anderen Seite herunter, springt wutentbrannt auf, klopft sich den Staub von den Kleidern, spuckt in die Hände, schnappt sich zornig ihren Besitz, reißt ihn hierhin, dann dahin, schiebt ihn einen Augenblick vor sich her, dreht sich um und schleppt ihn noch einen Augenblick hinter sich her, wird immer wilder, dann stemmt sie ihn plötzlich hoch empor und rast in einer völlig neuen Richtung davon; stößt auf ein Unkrautpflänzchen; es fällt ihr überhaupt nicht ein, einen Bogen darum zu machen. Nein, sie muß hinaufklettern, und sie klettert hinauf, schleppt ihren wertlosen Besitz bis zur Spitze – was genau so schlau ist, als würde ich einen Mehlsack von Heidelberg nach Paris über den Turm des Straßburger Münsters tragen. Wenn sie dort oben ankommt, stellt sie fest, daß das nicht der richtige Ort ist; wirft einen flüchtigen Blick auf die Landschaft, klettert oder aber purzelt herunter und zieht wieder los – wie gewöhnlich in einer neuen Richtung. Nach einer halben Stunde kommt sie auf sechs Zoll an die Stelle heran, von der sie ausgegangen ist, und setzt ihre Last ab. Inzwischen hat sie den ganzen Boden auf zwei Yard im Umkreis abgelaufen und alle Steinchen und Pflanzen erklettert, auf die sie gestoßen ist. Jetzt wischt sie sich den Schweiß von der Stirn, streicht sich die Glieder und läuft dann ziellos davon, in ebenso wahnsinnigem Tempo wie zuvor. Sie durchquert im Zickzack ein ziemlich großes Gebiet und stolpert schließlich wieder über ihre alte Beute. Sie erinnert sich nicht, diese jemals zuvor gesehen zu haben; sie hält Ausschau, um zu sehen, wo der Heimweg nicht ist, schnappt ihr Bündel und zieht los. Sie macht dieselben Abenteuer durch wie vorhin; hält endlich an, um auszuruhen, und nun kommt eine Freundin daher. Offensichtlich macht die Freundin die Bemerkung, ein Grashüpferbein vom vorigen Jahr sei eine ganz vortreffliche Errungenschaft, und erkundigt sich, wo sie es herhabe. Offensichtlich erinnert sich die Besitzerin nicht genau daran, wo sie es herhat, glaubt aber, es »irgendwo hier herum« herzuhaben. Offensichtlich verpflichtet sich die Freundin, ihr dabei zu helfen, es nach Hause zu befördern. Daraufhin ergreifen sie mit besonders emsigem (Wortspiel unbeabsichtigt) Scharfsinn die entgegengesetzten Enden dieses Grashüpferbeines und fangen an, mit aller Kraft in entgegengesetzter Richtung zu zerren. Schließlich machen sie Rast und beraten miteinander. Sie kommen zu dem Schluß, daß etwas nicht stimme, sie können aber nicht herausfinden, was. Dann legen sie wieder los, genau wie vorher. Mit dem gleichen Ergebnis. Es folgen gegenseitige Anschuldigungen. Offensichtlich klagt jede die andere an, der Saboteur zu sein. Sie erhitzen sich, und der Streit endet mit einer Schlägerei. Sie umklammern einander und kauen sich gegenseitig eine Zeitlang auf dem Kiefer herum; dann rollen und purzeln sie auf der Erde herum, bis eine von ihnen einen Fühler oder ein Bein verliert und zwecks Wiederherstellung abdrehen muß. Sie versöhnen sich und fangen wieder in der gleichen alten, verrückten Weise an zu arbeiten, aber die verstümmelte Ameise ist im Nachteil; sie mag zerren wie sie will, die andere schleppt die Beute davon und sie am anderen Ende gleich noch mit. Statt aufzugeben, hält sie sich fest und schlägt mit den Schienbeinen gegen jedes Hindernis, das in den Weg kommt. Wenn dann das Grashüpferbein wieder über die ganze alte Strecke hinweggezottelt worden ist, wird es schließlich etwa an der Stelle fallen gelassen, wo es ursprünglich gelegen hatte. Die beiden schwitzenden Ameisen betrachten es nachdenklich und kommen zu dem Schluß, daß vertrocknete Grashüpferbeine ja doch ein armseliger Besitz seien, und dann ziehen sie in verschiedener Richtung ab, um zu sehen, ob sich nicht ein alter Nagel oder etwas anderes auftreiben läßt, das schwer genug ist, um dem Zeitvertreib zu dienen, und wertlos genug, um in einer Ameise den Wunsch zu erwecken, es zu besitzen.

Karl Immermann
Eine Beethovensche Symphonie in Stein

Langsam die Abdachung des Fichtelgebirges hierher herunterfahrend, hatte ich Zeit, einen kleinen Liebeshandel zur Reiseunterhaltung mit einem hübschen jungen Mädchen anzuspinnen. Sie war soeben aus der Pension des Ochsenkopfs entlassen, trug ein grünes Atlaskleid und schritt fürbaß, ihr Glück in der Welt zu versuchen. So unreif und schmal die Kleine war, so kokett konnte sie doch schon sein, denn wenn sie sich auch zehnmal hinter Büschen versteckte, immer kam sie doch wieder zum Vorschein. Wir standen ein paar Stunden lang in einem recht vertrauten Verhältnis miteinander. Es war mit einem Worte – die Saale, klein und niedlich wie die Düssel, mit der (nämlich der Saale) ich hier einpassierte. Indessen ward sie als Frauenzimmer früher reif, als ihr Bruder, der Mann, der Main. Bei Hof machte sie sich schon ziemlich breit, wie alle Damen bei Hofe zu tun pflegen.

In oder bei Wunsiedel hatte ich noch eine rechte Überraschung. Unfern vom Orte, ungefähr eine halbe Stunde davon entfernt, liegt das Alexandersbad, eine gegenwärtig ziemlich vernachlässigte Stahlquelle, oft nur von einigen Gästen besucht, weil das überkräftige Zeitalter der Auflösung im Bade bedarf und adstringentia aus der Mode gekommen sind. Dicht daneben befindet sich eine Felsenpartie, die Luisenburg (nach dem Besuche der verewigten Königin im Jahre 1805 so genannt), früher Luchsburg geheißen, von der sie mir viel Rühmens gemacht hatten. Ich dachte es würde etwas Gewöhnliches sein, und ging nur hin, meinem oft ausgesprochenen Reisegrundsatze treu zu bleiben, wurde aber wahrhaft in Erstaunen gesetzt.

Wie soll ich's Ihnen beschreiben? – Sage ich: Es ist abermals ein mächtiges Lager von durcheinandergeworfenen Granitblöcken an dem Abhange eines Berges; so gibt Ihnen das doch kein Bild. Die Laune, die Phantasie, die Bizarrerie, mit der die Natur hier ihre Würfel, Scheiben, Wülste, Dreiecke, Kegel aufgesetzt, brückenartig übergeworfen, eingestopft, angelehnt, umgeworfen hat, wie sie dann dazwischen Wassertümpel ausgoß, in deren schwarzem Spiegel dieser Rausch noch einmal erscheint, und dunkle Fichten in die Felsenspalten pflanzte; das ist die Sache, und die muß man sehen. – Ich rief unwillkürlich bei dem Anblick aus: »Eine Beethovensche Symphonie in Stein!« – Und das ist vielleicht kein bloßes Gleichnis, sondern mag eine Art von Wahrheit sein. Der Naturgeist schritt von Formation zu Formation vor, bis er zur obersten, zum Menschen gelangte, indem er eine potenzierte Rekapitulation aller frühern lieferte. In seinem ewigen Verstande war alles vorausgesehen, vorausbedacht, neben dem generellen Charakter der untern Formationen geht in jeder einzelnen doch etwas äußerst Spezielles her, wovon anzunehmen ist, daß es hernach in der Individualisation der Menschengeister seine eigene Signatur erhielt, und wenn dem so ist, so wird der Naturgeist vor uralters auch wohl schon in Granit an die musikalische Phantasie Beethovens gedacht haben.

Hugo von Hofmannsthal
Das Geheimnis der Begegnung

Dieses beständige Auf-dem-Wege-sein aller Menschen muß der bohrende Traum der Gefangenen sein und die Verzweiflung aller treuen Liebenden. Ich habe gehört, daß in den Gefangenenhäusern keines von den erlaubten Büchern so sehnlich verlangt wird als eine Landkarte. Seine Finger auf einer Landkarte wandern zu lassen, das ist der spannendste Abenteurerroman: alle seine Abenteuer sind unbestimmt und alle Möglichkeiten sind offengelassen. Wir sind keine Gefangenen, und wir sind selbst immerfort auf dem Wege unseres Schicksals. Aber wenn wir für Augenblicke stocken, wenn wir ausruhen müssen und warten, so lesen wir in Büchern wie die Gefangenen in ihrer beschmutzten Karte, und dann wandern wir wieder mit Wandernden, ob es Sindbad ist, den die Wellen von Strand zu Strand werfen, oder Lovelace zu Pferd, in der Tasche den Schlüssel, der das Hinterpförtchen zum Park der Harlowes aufsperrt, oder Oedipus auf dem Wege nach Kolonos. Wir sind mit Franz von Assisi ebenso auf dem Weg wie mit Casanova. Und nichts ist uns im Grunde seltsamer als ein Mensch, der seine Stelle nicht wechselt. Wir wissen nichts von Sankt Simeon Stylites, als daß er dreißig Jahre auf einer Säule ausgeharrt hat, aber dieses eine Faktum wirft seinen starren, schmalen Schatten durch die Jahrhunderte und vertritt die Stelle einer ganzen Legende. Wir wissen zu wenig von Kant, aber unter dem wenigen ist der eine Zug, daß es ihn nie verlangt hat, etwas von der Welt zu sehen außer Königsberg, und dieser eine Zug hat etwas Ungeheures: mit ähnlichen sparsamen ewigen Zügen sind die erhabensten Göttergesichter des alten Ägypten in den schwarzgrünen ewigen Stein gemeißelt.

Aber es ist sicher, daß das Gehen und das Suchen und das Begegnen irgendwie zu den Geheimnissen des Eros gehören. Es ist sicher, daß wir auf unsrem gewundenen Wege nicht bloß von unsren Taten nach vorwärts gestoßen werden, sondern immer gelockt von etwas, das scheinbar immer irgendwo auf uns wartet und immer verhüllt ist. Es ist etwas von Liebesbegier, von Neugierde der Liebe in unsrem Vorwärtsgehen, auch dann, wenn wir die Einsamkeit des Waldes suchen, oder die Stille der hohen Berge, oder einen leeren Strand, an dem wie eine silberne Franse das Meer leise rauschend zergeht. Allen einsamen Begegnungen ist etwas sehr Süßes beigemengt, und wäre es nur die Begegnung mit einem einsam stehenden großen Baum, oder die Begegnung mit einem Tier des Waldes, das lautlos anhält und aus dem Dunkel her auf uns äugt. Mich dünkt, es ist nicht die Umarmung, sondern die Begegnung die eigentliche entscheidende erotische Pantomime. Es ist in keinem Augenblick das Sinnliche so seelenhaft, das Seelenhafte so sinnlich, als in der Begegnung. Hier ist alles möglich, alles in Bewegung, alles aufgelöst. Hier ist ein Zueinandertrachten noch ohne Begierde, eine naive Beimischung von Zutraulichkeit und Scheu. Hier ist das Rehhafte, das Vogelhafte, das Tierischdumpfe, das Engelsreine, das Göttliche. Ein Gruß ist etwas Grenzenloses. Dante datiert sein »Neues Leben« von einem Gruß, der ihm zuteil geworden. Wunderbar ist der Schrei des großen Vogels, der seltsame, einsame, vorweltliche Laut im Morgengrauen von der höchsten Tanne, dem irgendwo die Henne lauscht. Dies Irgendwo, dies Unbestimmte und doch leidenschaftlich Begehrende, dies Schreien des Fremden nach der Fremden ist das Gewaltige. Die Begegnung verspricht mehr, als die Umarmung halten kann.

Robert Walser
Wandererphantasie

Vor manchen Jahren, so kommt mir in Sinn, unternahm ich, es war im Sommer, die erste längere Wanderung, auf welcher ich, wie mir erinnerlich ist, allerlei Merkwürdiges und Schönes sah. Meine Ausstattung bestand in einem hellen, billigen Kleid am Leib, dunkelblauen Hut auf dem Kopf und Wanderpaket in der Hand. In die Westentasche eingenäht trug ich das ersparte Geld in Form einer säuberlichen Bankanweisung mit mir in die frische, helle, weite Welt hinaus. Von einigen kecken Burschen, denen ich auf der Straße begegnete, rief mir einer spöttisch nach: »Wo will der lange Mensch mit seinem kleinen Ranzen hin?«

Er spielte auf mein armseliges, törichtes Wanderpäckchen an, das dem Träger und Eigentümer selber ein wenig lächerlich vorkam. Ohne mich indessen um die Spötteleien viel zu bekümmern, die keine sonderliche Bedeutung haben konnten, ging ich munter weiter, und indem ich so marschierte, kam es mir vor, als bewege sich die ganze runde Welt leicht mit mir fort. Alles schien mit dem Wanderer zu wandern: Wiesen, Felder, Wälder, Äcker, Berge und schließlich noch die Landstraße selber.

Mir wurde es himmlisch frei zu Mut und wohl ums Herz. Tapfer lief ich immer weiter, behaglich und zugleich eilig an allerlei Leuten vorbei, die mich jungen, fröhlichen Reisenden, vagabundierenden Vaganten hin und wieder freundlich grüßten, was mich verpflichtete, ebenfalls artig zu sein. Lockt nicht eine Freundlichkeit die andere hervor?

An etwas Nasses, Nebliges, Kühles erinnere ich mich: das wird wohl der frühe Morgen gewesen sein, der mich mit Feuchtigkeit antastete; und an etwas bald darauf folgendes Heißes, Weißes und Grünes: das war die Mittagszeit mit dem Staub auf der Straße und dem trocken-blendend-hellen Sonnenlicht auf den grünen Matten.

Eine Zeitlang ging ich längs eines Flusses, dann ging es in ein Gebirge hinein. Berge mit Schloßruinen auf den hohen Rücken traten mir entgegen. Fröhlich wechselten Abwechslung und Einförmigkeit miteinander ab, Städte, Burgen, Berge, Täler und einsame Dörfer. Tiefer ging es in die enge, dunkle, wilde, kalte Schlucht; brach aus der Felseneinsamkeit und -enge unerwartet wieder hervor, lief als Ebene davon, schimmerte und lächelte als blauer, schmucker Fluß, stand als ernster, treuherziger, grüner Wald ehrenfest und wacker da und tauchte hierauf plötzlich wieder als trotziger Berg hoch hinauf. Seltsames und Abenteuerliches hielt mit Schönem, Traulichem Schritt, und die Mittagshelligkeit verwandelte sich gegen Abend in geheimnisvolles, angenehmes, höchst erwünschtes Dunkel, die Hitze in süße, liebe Kühle.

Da und dort, wenn es Zeit war, einzukehren, übernachtete ich in alten Gasthäusern, so einmal in einer Stube, die vermöge ihrer prächtigen, ernsthaften und tiefsinnigen Geräumigkeit ganz leicht als feierliche Ratstube hätte gelten und dienen können.

Eines Morgens stand ich, soviel ich weiß, auf zarter, halber Bergeshöhe unter Eichen und schaute auf ein unter mir im schönsten, wärmsten Sonnenlichte blitzendes, im gutmütigen Sommermorgenlichte badendes und leuchtendes, allerliebstes Wald- und Bergstädtchen hinunter. O was für eine gesunde, gute Freude ist das Wandern. Nur harmlose Freuden sind wahre Freuden.

Wilde, sturmdurchbrauste Gegenden wechselten mit lieblichen und sanften ab, so auch arme, böse, wüste, vernachlässigte Häuser mit anständigen, ordentlichen und wohlhabenden, und immer unterhielt sich der fortfahrende Landfahrer und Sorte lustige, vergnügte Landstreicher, sorglos wie er sich fühlen durfte, mit aufmerksamem Betrachten all der mannigfachen Erscheinungen, die ihm vor die Augen traten, auf das beste.

Bald stand ich am frühen Morgen in der Helligkeit, im heitern Tageslicht; bald aber auch wieder am späten Abend im blassen Geisterschein, im Dämmerlicht auf irgendeinem seltsamen, fremdartigen Hügel und hatte unter mir entweder die morgendliche Gegend oder die abendliche.

Ein bis zwei Stunden lang ging ich durch ein so einsames,

sonderbares, weitabgelegenes Tal, daß ich mir im Wandern einbildete, es sei eine längstvergangene Geschichtsepoche in die Welt hereingebrochen und ich selber sei ein fahrender Geselle des Mittelalters. Heiß war's, und weit und breit nicht die kleinste menschliche Ansiedelung, nicht der geringste Hauch von Fleiß, nicht eine Spur von Bildung oder Bemühungen zu erblicken. Natureinöden haben einen wunderbaren, schreckhaften Zauber.

Gegen das Ende der Wanderung regnete es ununterbrochen, derart, daß ich willig oder unwillig, freudig oder betrübt, zufrieden oder unzufrieden, jedenfalls aber völlig durchweicht und durchnäßt am Ziel derselben anlangte.

Hermann Hesse
Die heimliche Sehnsucht des Wanderers

Bäume sind für mich immer die eindringlichsten Prediger gewesen. Ich verehre sie, wenn sie in Völkern und Familien leben, in Wäldern und Hainen. Und noch mehr verehre ich sie, wenn sie einzeln stehen. Sie sind wie Einsame. Nicht wie Einsiedler, welche aus irgendeiner Schwäche sich davongestohlen haben, sondern wie große, vereinsamte Menschen, wie Beethoven und Nietzsche. In ihren Wipfeln rauscht die Welt, ihre Wurzeln ruhen im Unendlichen; allein sie verlieren sich nicht darin, sondern erstreben mit aller Kraft ihres Lebens nur das Eine: ihr eigenes, in ihnen wohnendes Gesetz zu erfüllen, ihre eigene Gestalt auszubauen, sich selbst darzustellen. Nichts ist heiliger, nichts ist vorbildlicher als ein schöner, starker Baum. Wenn ein Baum umgesägt worden ist und seine nackte Todeswunde der Sonne zeigt, dann kann man auf der lichten Scheibe seines Stumpfes und Grabmals seine ganze Geschichte lesen: in den Jahresringen und Verwachsungen steht aller Kampf, alles Leid, alle Krankheit, alles Glück und Gedeihen treu geschrieben, schmale Jahre und üppige Jahre, überstandene Angriffe, überdauerte Stürme. Und jeder Bauernjunge weiß, daß das härteste und edelste Holz die engsten Ringe hat, daß hoch auf Bergen und in immerwährender Gefahr die unzerstörbarsten, kraftvollsten, vorbildlichsten Stämme wachsen.

Bäume sind Heiligtümer. Wer mit ihnen zu sprechen, wer ihnen zuzuhören weiß, der erfährt die Wahrheit. Sie predigen nicht Lehren und Rezepte, sie predigen, um das Einzelne unbekümmert, das Urgesetz des Lebens.

Ein Baum spricht: In mir ist ein Kern, ein Funke, ein Gedanke verborgen, ich bin Leben vom ewigen Leben. Einmalig ist der Versuch und Wurf, den die ewige Mutter mit mir gewagt hat, einmalig ist meine Gestalt und das Geäder meiner Haut, einmalig das kleinste Blätterspiel meines Wipfels und die kleinste Narbe meiner Rinde. Mein Amt ist, im ausgeprägten Einmaligen das Ewige zu gestalten und zu zeigen. Ein Baum spricht: Meine Kraft ist das Vertrauen. Ich weiß nichts von meinen Vätern, ich weiß nichts von den tausend Kindern, die in jedem Jahr aus mir entstehen. Ich lebe das Geheimnis meines Samens zu Ende, nichts andres ist meine Sorge. Ich vertraue, daß Gott in mir ist. Ich vertraue, daß meine Aufgabe heilig ist. Aus diesem Vertrauen lebe ich.

Wenn wir traurig sind und das Leben nicht mehr gut ertragen können, dann kann ein Baum zu uns sprechen: Sei still! Sei still! Sieh mich an! Leben ist nicht leicht, Leben ist nicht schwer. Das sind Kindergedanken. Laß Gott in dir reden, so schweigen sie. Du bangst, weil dich dein Weg von der Mutter und Heimat wegführt. Aber jeder Schritt und Tag führt dich neu der Mutter entgegen. Heimat ist nicht da oder dort, Heimat ist in dir innen, oder nirgends.

Wandersehnsucht reißt mir am Herzen, wenn ich Bäume höre, die abends im Wind rauschen. Hört man still und lange zu, so zeigt auch die Wandersehnsucht ihren Kern und Sinn. Sie ist nicht Fortlaufenwollen vor dem Leide, wie es schien. Sie ist Sehnsucht nach Heimat, nach Gedächtnis der Mutter, nach neuen Gleichnissen des Lebens. Sie führt nach Hause. Jeder

Weg führt nach Hause, jeder Schritt ist Geburt, jeder Schritt ist Tod, jedes Grab ist Mutter.

So rauscht der Baum im Abend, wenn wir Angst vor unsern eigenen Kindergedanken haben. Bäume haben lange Gedanken, langatmige und ruhige, wie sie ein längeres Leben haben als wir. Sie sind weiser als wir, solange wir nicht auf sie hören. Aber wenn wir gelernt haben, die Bäume anzuhören, dann gewinnt gerade die Kürze und Schnelligkeit und Kinderhast unserer Gedanken eine Freudigkeit ohnegleichen. Wer gelernt hat, Bäumen zuzuhören, begehrt nicht mehr, ein Baum zu sein. Er begehrt nichts zu sein, als was er ist. Das ist Heimat. Das ist Glück.

Ernst Bloch
Der nächste Baum

Ich kenne einen, der kehrt nicht gern um. Muß er es doch, so braucht er meist einen Halt, ein Ziel von außen. Das kann ein Baum, eine Laterne oder ein Felsstück rechts vom Weg sein; bis dahin noch, dann trägt der Baum gleichsam das leichte Unrecht, daß etwas unterbrochen sei. Wir haben ihn für uns benutzt, fast hingegeben, als könne er das besser tragen, ja besser machen als wir. So sehr traut man dem Baum, obwohl er doch nichts von unsern Zwecken weiß. Gar von so läppischen, und von den andern erst recht nichts. Denn auch die Säge liefert von dem Baum keine genaueren Ansichten, nur möbliertere.

ANSICHTEN UND AUSSICHTEN

Georg Büchner
Wanderung durch die Vogesen

Straßburg, den 8. Juli 1833.

Bald im Tal, bald auf den Höhen zogen wir durch das liebliche Land. Am zweiten Tage gelangten wir auf einer über 3 000 Fuß hohen Fläche zum sogenannten weißen und schwarzen See. Es sind zwei finstere Lachen in tiefer Schlucht, unter etwa 500 Fuß hohen Felswänden. Der weiße See liegt auf dem Gipfel der Höhe. Zu unseren Füßen lag still das dunkle Wasser. Über die nächsten Höhen hinaus sahen wir im Osten die Rheinebene und den Schwarzwald, nach West und Nordwest das Lothringer Hochland; im Süden hingen düstere Wetterwolken, die Luft war still. Plötzlich trieb der Sturm das Gewölke die Rheinebene herauf; zu unserer Linken zuckten die Blitze, und unter dem zerrissenen Gewölk über dem dunklen Jura glänzten die Alpengletscher in der Abendsonne. Der dritte Tag gewährte uns den nämlichen herrlichen Anblick; wir bestiegen nämlich den höchsten Punkt der Vogesen, den an 5 000 Fuß hohen Bölgen. Man übersieht den Rhein von Basel bis Straßburg, die Fläche hinter Lothringen bis zu den Bergen der Champagne, den Anfang der ehemaligen Franche Comté, den Jura und die Schweizergebirge vom Rigi bis zu den entferntesten Savoyischen Alpen. Es war gegen Sonnenuntergang, die Alpen wie blasses Abendrot über der dunkel gewordenen Erde. Die Nacht brachten wir in einer geringen Entfernung vom Gipfel in einer Sennerhütte zu. Die Hirten haben hundert Kühe und bei neunzig Farren und Stiere auf der Höhe. Bei Sonnenaufgang war der Himmel etwas dunstig, die Sonne warf einen roten Schein über die Landschaft. Über den Schwarzwald und den Jura schien das Gewölk wie ein schäumender Wasserfall zu stürzen, nur die Alpen standen hell darüber, wie eine blitzende Milchstraße. Denkt Euch über der dunklen Kette des Jura und über dem Gewölk im Süden, so weit der Blick reicht, eine ungeheure, schimmernde Eiswand, nur noch oben durch die Zacken und Spitzen der einzelnen Berge unterbrochen. – Vom Bölgen stiegen wir rechts herab in das sogenannte Amarinental, das letzte Haupttal der Vogesen. Wir gingen talaufwärts. Das Tal schließt sich mit einem schönen Wiesengrund im wilden Gebirg. Über die Berge führte uns eine gut erhaltene Bergstraße nach Lothringen zu den Quellen der Mosel. Wir folgten eine Zeit lang dem Laufe des Wassers, wandten uns dann nördlich und kehrten über mehrere interessante Punkte nach Straßburg zurück.

Karl Immermann
Blick ins Tirol

Nun trat ich meine Fußwanderung gen Schwaz an. In weitentlegner Gegend, allein, spät abends, mir selbst und meinen Gedanken überlassen, fühlte ich es nun so ganz und stark, daß ich mir leiblich den Boden erobert hatte, der mir bis dahin ein fabelhafter gewesen war. Neben mir rauschte der Inn gewaltsam fort, um mich standen die Berge, deren Schneehäupter im taghellen Strahle des Mondes silberbläulich glänzten. So wanderte ich durch das einsame Tal und war um elf Uhr in Schwaz, wo der Anblick aus dem Fenster über den Strom nach den Felsen jenseits wieder herrlich war.

Andre Menschen reden viel von den religiösen Empfindungen, welche ihnen die Natur einflöße. Ich habe auch diesmal wieder bemerkt, daß mir diese Stimmung ganz fremd ist. Mir gibt jenes unendliche Konglomerat immer nur ein gewisses sinnlich-ästhetisches Vergnügen, oder es erfüllt mich auch wohl mit einem magischen Grauen. Nur in der Geschichte, im Moralischen, in der Liebe, die ich zu andern hege, oder die andre zu mir empfinden, naht mir Gott.

Auch in dieser wunderbaren Szenerie des Alpenlandes bestätigte sich mir jene Erfahrung. Es hat mir keinen einzigen Moment gewährt, den man hätte einen frommen nennen können.

Jene übermächtige, aus allen Schranken tretende Natur kennengelernt zu haben, ist mir zwar unschätzbar, doch ist sie nicht die, welche mich auf die Dauer beglückt, und im Grunde stumpft sich ein so scharfer und seltsamer Reiz bald ab. Einige Male hat mich, wenn die Sonne hinter die Berge gesunken war, und die Schneegipfel nun so sonderbar leichenhaft erblaßten, eine tiefe Angst und ein Schauder wie vor einem weiten, unermeßlichen Nichts ergriffen. Das, dachte ich, ist der Gott des Spinoza, ein allgegenwärtiger, ewiger und allmächtiger Toter.

Der Mensch lebt, um zu lieben und zu hassen, sich auf sich und seinen himmlischen Ursprung zu besinnen, den kleinen Kreis, zu dem sein enges Selbst sich erweitern kann, in Tun und Leiden auszufüllen. Was aber ist der Mensch, menschliches Wesen und Vermögen, den Alpen gegenüber? Freilich mag hier das Gefühl des Ebnenbewohners einen zu bänglichen Maßstab anlegen. Der Alpensiedler schreitet frei und sicher über Stege, auf denen den andern ein Schwindel ergreift. Selbst das Tier verändert in jener Natur sein Wesen. Die bei uns so schwerfälligen Kühe erklimmen mit der Leichtigkeit der Rehe schmale Almen an Abgründen, um ihr Futter zu suchen. Indessen geht auf solchen Wagestegen doch manches Stück verloren. Blieb aber die Herde unvermindert, so schmückt der Hirt jedes Haupt mit einer bunten Krone von Gras und Blumen, und läßt rote Bänder von der Spitze derselben flattern, wenn er im Herbste heim zu Tale treibt. So eine gezierte Herde begegnete mir, und gewährte den muntersten Anblick.

Was die Alpenlandschaft so eigentümlich macht? Der Stil in den Formen, die Mannigfaltigkeit der Linien, die entschiednen Gegensätze zwischen Ebne, Tal und Gebirg (in der deutschen Gegend liegt alles stumpf und kunterbunt durcheinander), die ganz neuen Farben und Betonungen – besonders die vielfältigen Schattierungen des Blau sind merkwürdig – die Spiegelklarheit der Gewässer; zu diesem allen die vaste Unermeßlichkeit der Massen. Der letzte und höchste Begriff des Berg-Ozeans, in dem man umhertreibt, wird durch die Schneekoppen hervorgebracht, welche das Mittelgebirge überall beherrschen.

Im Gegensatz zu diesen ungeheuren Massen hat nun der Mensch geschnitzelt und gepinselt, was er nur konnte. Die bunten Häuserchen mit ihrem Schnörkelwerk und den Galerien, die immer auf ein Innres und Äußeres zugleich deuten, sind so verlockend, daß man gleich hineinkriechen möchte. Und die Kirchlein mit den roten und grünen Dächern hätte ich gern in ein Schächtelchen gepackt. Selbst die Gottesäcker sehen aus, wie die Weihnachtskästchen. Alle Kreuze und Denkzeichen sind rot, weiß, gelb, grün bemalt, vergoldet oder versilbert.

Die Kunst der Menschen, wenigstens die moderne, liebt, sich von der umgebenden Natur recht genau abzuscheiden. In Ebnen entstehn die großen Dome, im Gebirg jenes Geschnitzelte und die Lust an der Farbe. Es entspringt dies freilich hauptsächlich aus der Notwendigkeit, aber es ist doch auch eine gewisse Wahl und Freiheit dabei. Eine große, gotische Kathedrale würde z.B. in Inspruck ganz unpassend erscheinen.

Die landschaftliche Wirkung wird durch jene Bauart noch sehr vermehrt. Sie hilft die Anmut erhöhen, welche die Gegend trotz aller Größe nie verliert.

Gustave Flaubert
Das Spiel des Lichts

Das Licht erhellte an manchen Stellen den Saum des Waldes, während der Hintergrund im Schatten blieb; oder es war zunächst durch eine Art Dämmerung abgeschwächt, um dann über die dunstig-violetten Fernen eine weiße Klarheit zu legen. Zur Tagesmitte stürzte sich die Sonne senkrecht auf das ausladende Grün, befleckte es, hängte silberne Tropfen vorn an die Zweige, überzog das Gras mit smaragdenen Streifen, warf goldene Tupfen auf die dicken Lagen toten Laubes; wenn man den Kopf in den Nacken legte, konnte man den Himmel zwischen den Wipfeln der Bäume sehen. Einige von ihnen, die über die Maßen hoch waren, sahen aus wie Patriarchen und Kaiser, oder sie berührten sich an den Spitzen und formten mit ihren Stämmen eine Art Arc de triomphe; andere wieder, die von unten her schief gewachsen waren, erinnerten an Säulen, die gleich umstürzen wollten.

Diese Masse dicker senkrechter Linien lichtete sich bisweilen. Dann wogten gewaltige grüne Fluten in unregelmäßigem Auf und Ab hinunter bis zur Sohle des Tals, aus dem die Kuppen neuer Hügel emporwuchsen und sich über die blonden Ebenen erhoben, die schließlich im diffusen, blassen Licht verschwammen.

Wenn die beiden zuweilen nebeneinander auf irgendeiner Anhöhe standen und tief den Wind in sich einströmen ließen, fühlten sie, wie sich ihre Seele gleichsam mit dem Stolz auf ein freieres Leben füllte, mit überschäumender Kraft und einer grundlosen Freude.

Otto Flake
Das Liebfrauental

Ein großes Tal ist nicht viel mehr als die Ebene, und so sehr es mich schon lange lockt, die elsässische Ebene zu beschreiben, wie sie üppig und buschig, saftig und wogend, wasserreich und grün ist, so wäre das doch die reine Ebene, die nichts als Ebene sein will. Sobald sie mit ihrem Konkurrenten, den Bergen, auftritt, verliert sie, das ist kein Zweifel.

Aber mein Tal ist auch kein so breitbehäbiges Tal, auf dessen Sohle die Häuser zu ewiger Nüchternheit verurteilt zu sein scheinen, während rings die freien Höhen ansteigen, sondern ein Tälchen frisch und des Beifalls sicher. Nicht anders als ein junges, gesundes Tier, ein verspieltes Kätzchen, das einem Mädchen den Ausruf entlockt: »Wie hübsch das ist, wie lieb!«

Es ist nicht breiter als hundert Meter, und es hat gerade Platz für folgende Dinge: eine Eisenbahn, ein Flüßchen, eine Straße und das Haus, dann setzt schon wieder die Talwand an. Hundert Meter in der Sohle oder zweihundert in der Luftlinie, wenn man Höhe zu Höhe rechnet: so kurz scheint hier der Weg, den die Sonne von Morgen bis Abend geht, so zusammengerückt die Ränder, auf denen die Himmelsglocke ruht, und doch ist es derselbe Weg, der in Wüsten, auf dem Meere unermeßlich wird. Dafür scheint es hier aber auch, als brenne die Sonne um so länger, um so heißer herab.

Und das Haus hat sich gegen sie geschützt, indem es hohe Bäume, rauschende Birken, dichte Linden, schwarze Tannen um sich aufstellte. Unter ihnen liegt es da: ganz elsässisch, ganz weiß, ganz heiß, mit geschlossenen Läden, einfach und vertraut. (...)

Der Hang ist meine ganze Liebe. Blauer Salbei, rote Nelken, weiße Margueriten und tausend blühende Gräser ... keiner mäht ihn, denn es ist kein Vieh da, und so wird er ein wildes Paradies, aus dem manchmal ein aufgescheuchter Fasan emporrauscht: wie eine kleine Flugmaschine, die knattert und saust. Und wenn ein Ding in der Welt das Attribut würzig verdient, dann ist es ein solcher Hang der Gräser und der Blumen, über denen den ganzen, ganzen Tag die Sonne steht: er duftet herrlich – stark, wild, sinnlich.

Wenn aber ein Wind sanft von der Anhöhe streicht, ein Wind, der in seiner Wärme wie ein leiser Strahl der Sonne selbst erscheint, dann mischt sich noch ein Duft hinzu, der Balsam ist: der Duft von Tannen, der Duft des durchglühten Nadelwalds.

Nur ein Schritt über eine kleine Waldstraße ist nötig, um aus der Halde zu den Tannen zu gelangen. Doch sie bilden gar keinen Wald. Der eigentliche Wald, der die Höhen besetzt hält, das sind Buchen; aber vor ihnen, unterhalb ihrer, auf einer ehemaligen Lichtung, stehen dicht gedrängt halberwachsene Tannen. Deutlich sieht man, wieviel tiefer sie als die Buchen sind: das und ihr Zusammendrängen macht, daß sie wie ein Hain wirken, wie etwas Besonderes und Gesondertes: der Hain, der vor dem Walde steht.

Man muß den Abend abwarten, um das ganz zu begreifen. Dann, nach dem Abendessen, steigt man zu ihm hinauf, um in dem heitersten, wärmsten Lichte, dem einer Junidämmerung, das Konzert im Hain zu hören. Es gibt Tage, und im Mai waren sie noch häufiger, wo auf jeder Spitze, die eine dieser Tannen emporstreckt, eine Nachtigall oder eine Amsel saß und sie alle zu gleicher Zeit mit geschwellter Kehle flöteten.

Die Vögel sind es, die einem das Wort Hain aufdrängen. Aus der ganzen Gegend versammeln sie sich auf seinen farrenhaften Spitzen.

Nie, gewiß nie habe ich schönere Abende verbracht als da oben. Denn auch die letzte Schönheit der Landschaft wird erst hier offenbar. Man sieht hier nicht mehr das Tälchen allein, sondern den Kessel von Wörth, in den es übergeht; Felder eilen von dort ins Tal hinab, Obstbäume wachsen alle Furchen entlang, und unten die Sohle füllen hohe, sumpfige Wiesen, die Wörth an die Höhe drängen, auf der die beiden Türme von Fröschweiler über den Wald sehen.

Viele Wege erlauben langsam herabzusteigen und das mystische Wunder des Sommerabends an einem ganzen weiten Panorama zu verfolgen. Der Himmel ist von Lila durchsetzt, und in dieses sanfte Lila ist der Mond, dreiviertel rund, aus Perlmutter eingelegt. Die Arbeit ist so fein, daß die Ränder nicht zu sehen sind. Aus den Abhängen steigt der heilige Duft der Gerste, die Waldhöhen wiegen sich in einem Rauschen, das die Ruhe nicht stört.

Denn die Ruhe ist das Eigentliche, das Letzte dieser Abende.

Sie ist von einer erhabenen, sieghaften Kraft, der kein geschaffenes Wesen widersteht. Kein Zweifel, es liegt so nahe, an einen Menschen zu denken, mit dem man zum Tannenhain hinaufsteigen könnte. Nachtigall und Amsel zu hören, und doch ist es noch schöner, noch tiefer, allein durch den Abend zu wandern, durch nichts gestört, nach nichts begehrend, voll Einsamkeit und Frieden.

Max Frisch
Hoch über dem Meer

Portofino Monte

Hoch über dem Meer! Sein Horizont ist mit uns gestiegen, höher und höher, und nur die Buchten sind unten geblieben. Das Meer, wenn man in die Buchten hinunterschaut, erscheint finster wie die Nacht. Ein Netz von silbernen Wellen darüber. Wie glitzernder Brokat liegen sie unter der Sonne, lautlos, und nur die Brandung verrät, daß sie einen Lauf haben; der weiße Gischt an den Felsen.

Glück als das lichterlohe Bewußtsein: Diesen Anblick wirst du niemals vergessen. Was aber erleben wir jetzt, solange er da ist? Wir freuen uns auf eine Reise, vielleicht jahrelang, und an Ort und Stelle besteht die Freude größtenteils darin, daß man sich um eine Erinnerung reicher weiß. Eine gewisse Enttäuschung nicht über die Landschaft, aber über das menschliche Herz. Der Anblick ist da, das Erlebnis noch nicht. Man gleicht einem Film, der belichtet wird; entwickeln wird es die Erinnerung. Man fragt sich manchmal, inwiefern eine Gegenwart überhaupt erlebbar ist. Könnte man unser Erleben darstellen, und zwar ohne unser Vorurteil, beispielsweise als Kurve, so würde sie sich jedenfalls nicht decken mit der Kurve der Ereignisse; eher wäre es eine Welle, die jener anderen verwandt ist, die ihr vorausläuft und wieder als Echo folgt; nicht die Ereignisse würden sich darstellen, sondern die Anlässe der Ahnung, die Anlässe der Erinnerung. Die Gegenwart bleibt irgendwie unwirklich, ein Nichts zwischen Ahnung und Erinnerung, welche die eigentlichen Räume unseres Erlebens sind; die Gegenwart als bloßer Durchgang; die bekannte Leere, die man sich ungern zugibt.

»Gehe fort, damit ich bei dir sei!«

Einer Landschaft gegenüber gestehen wir es noch am ehesten. Man ist nie da, wo man ist, und dennoch kann es nicht gleichgültig sein, wo man ist; der Ort, wo man ist, gibt den Angelpunkt, damit wir die Ferne in unser Erleben heben können. Wenn man jederzeit auf unsrer Stirne lesen könnte, wo unsere Gedanken sind, kein Mensch möchte mit uns die Gegenwart teilen. Zu Unrecht! Nur wenn er da gewesen ist, können wir zu ihm zurückkehren.

Später der Mond –

Wie er aufgeht über den rötlichen Bergen, nicht als Scheibe, sondern als Kugel, als Ball aus blassem Elfenbein; das Violette ringsum, das andere, was außer ihm ist, das Nichts zwischen ihm und uns, das All, die Nacht, der Tod. Und der Tag und das Licht, das vor diesem Raum hängt, wie dünn es wieder ist, ein Schleier von Seide, der jederzeit zerreißen kann. Man sollte nicht schlafen an der Sonne. Man erwacht mit schmerzenden Adern, mindestens mit einer leiblichen Empfindung, daß man Blut und Adern hat, mit einem jähen Bewußtsein von vergehender Zeit, und der Abend, der uns noch einmal aufnimmt mit blühendem Ginster und glitzerndem Meer, er ist so erschreckend wie herrlich, jedesmal, voll plötzlicher Durchsicht ins Unsichtbare.

JENSEITS DES LÄRMS

Theodor Fontane
Die Stille

Ausgestreckt am Hügelabhang, den Wald zu Häupten, den See zu Füßen, so träumst du hier, bis die wachsende Stille dich erschreckt. Mit angespannten Sinnen lauschest du, ob nicht doch vielleicht ein Laut zu dir herüberklinge, und endlich hörst du die Rätselmusik der Einsamkeit. Der See liegt glatt und sonnenbeschienen vor dir, aber es ruft aus ihm, die Bäume rühren sich nicht, aber es zieht durch sie hin, aus dem Walde klingt es, als würden Geigen gestrichen, und nun schweigt es, und ein fernes, fernes Läuten beginnt. Ist es Täuschung, oder ist es mehr? Ein wachsendes Bangen kommt über dich, bis plötzlich das Klappern der Mühle wieder anhebt und der schrille Ton der Säge den Mittagszauber zerreißt.

Etienne Pivert de Senancour
Töne einer Landschaft

In unverdorbenen Gegenden ist die Natur voll romantischer Wirkungen; in gealterten Ländern sind sie von einer langwirkenden Kultur zerstört, so vor allem im Flachland, das sich der Mensch mühelos in allen Teilen unterwirft.

Die romantischen Wirkungen sind die Töne einer Ursprache, die nicht alle Menschen verstehen und die in mehreren Gegenden ausstirbt. Man verlernt sie, wenn man nicht mehr mit ihr zusammenlebt; und doch ist es allein dieser romantische Wohllaut, der unserem Herzen die Farben der Jugend und die Frische des Lebens bewahrt. In der Gesellschaft spürt der Mensch solche Wirkungen nicht mehr, da sie von seinen Gewohnheiten zu weit entfernt sind; er sagt schließlich nur noch: Was geht mich das an? Er gleicht jenen Temperamenten, die vom austrocknenden Feuer eines langsamen, zur Gewohnheit gewordenen Giftes ermattet sind; im Zenith des Lebens ist er schon verwelkt, und die Wirkkräfte des Lebens sind in seinem Innern erschlafft, auch wenn er das Äußere eines Menschen bewahrt. (...)

Die Natur hat den stärksten Ausdruck des Romantischen in die Töne gelegt; deshalb läßt sich das Außergewöhnliche an Landschaften und Dingen am leichtesten dem Gehör mitteilen, nachhaltig und in wenigen Zügen. Die Düfte bewirken rasche, unbegrenzte, aber auch undeutliche Wahrnehmungen; die des Auges scheinen eher den Geist als das Herz anzusprechen; man bewundert, was man sieht, aber man empfindet, was man hört. Die Stimme einer geliebten Frau mag noch schöner sein als ihr Antlitz; die Töne, die eine herrliche Landschaft aussendet, machen einen tieferen, nachhaltigeren Eindruck als ihr Anblick. Kein Gemälde hat mir die Alpen jemals so nahe gebracht, wie dies ein echtes Lied aus den Alpen zu tun vermag.

Der Kuhreigen weckt nicht nur Erinnerungen: er malt.

Ich weiß, daß Rousseau das Gegenteil gesagt hat, aber ich glaube, zu Unrecht. Diese Wirkung ist keine Einbildung; es ist vorgekommen, daß zwei Personen, die jede für sich die *Tableaux pittoresques de la Suisse* durchblätterten, beide beim Anblick der Grimsel sagten: Hier müßte man ihn hören, den Kuhreigen! Wird er in seiner ursprünglichen Art und nicht allzu kunstfertig vorgetragen und vom Sänger gut empfunden, so entführen dich schon die ersten Töne in die höchsten Täler, unter die kahlen Felsen mit ihrem rötlichen Grau, in die rauhe Bergluft und unter die glühende Sonne. Man steht oben auf den weidebedeckten rundlichen Gipfeln. Man ist durchdrungen von der Gemächlichkeit des Berglebens, von der Majestät der Bergwelt; der ruhige Gang der Kühe ist darin, die gemessene Bewegung ihrer großen Glocken, nahe den Wolken, droben am weiten Hang, der vom trotzenden Granit des Grates sanft abfällt, bis hinab zum zertrümmerten Granit der eisigen Runsen. In den fernen Lärchen rauschen die rauhen Winde; man hört das Donnern des Wildbachs, tief in der Schlucht, die er sich in langen Jahrhunderten gehöhlt hat. Diesen vereinzelten Geräuschen der

Ferne folgen die gedrängten, schweren Töne der Küher, ein nomadischer Ausdruck eines glücklichen Berglebens, eines Frohmuts ohne Fröhlichkeit. Der Gesang bricht ab; der Mann zieht weiter; die Glocken sind jenseits der Lärchen; man hört nichts als das Aufschlagen rollender Kiesel und das ununterbrochene Donnern der Stämme, die der Bach zu Tal reißt. Der Wind trägt diese Bergtöne bald heran, bald hinweg, und wenn er sie verweht, erscheint alles kalt, reglos und tot.

Henry David Thoreau
Der wahre Geschmack der Heidelbeere

Wenn ich manchmal der menschlichen Gesellschaft und ihres Gespräches überdrüssig war und meine Freunde alle abgenutzt hatte, dann zog ich noch weiter westwärts, als ich wohnte, zu noch weniger besuchten Stellen des Stadtgebietes, ›nach neuen Wäldern und frischen Weiden‹, oder verspeiste bei Sonnenuntergang auf dem Fair-Haven-Hügel mein Abendessen aus Heidelbeeren und Blaubeeren und legte mir zugleich einen Vorrat für mehrere Tage zurück. Die Beeren schenken ihr Aroma weder dem, der sie kauft, noch dem, der sie für den Markt sammelt. Es gibt nur einen Weg, es zu gewinnen; die wenigsten schlagen ihn aber ein. Wer wissen will, wie Heidelbeeren schmecken, der muß den Kuhhirten oder das Rebhuhn fragen. Es ist ein weitverbreiteter Irrtum zu glauben, daß Leute, die nie Heidelbeeren pflückten, wissen, wie Heidelbeeren schmecken. Noch nie ist eine Heidelbeere nach Boston gelangt; man kennt sie dort nicht, wie lang sie auch schon auf seinen Hügeln wächst. Der ambrosische, wesentlichste Teil der Frucht geht verloren samt dem Duft, der sich im Marktkarren abreibt; sie wird zum bloßen Futter. Solang die ewige Gerechtigkeit regiert, kann keine einzige unschuldige Heidelbeere von den Hügeln des Landes in die Stadt gebracht werden.

Ludwig Speidel
Für Ohr und Auge reichlich gesorgt

Auf dem Lande sein und doch in der Stadt, gibt ein eigenes Gefühl, dem nichts so bald gleicht. Städtischer und ländlicher Luftkreis stoßen aneinander und erwecken durch ihr wechselseitiges Berühren eine gemischte Empfindung, die man im besten Sinne sentimental nennen könnte. Wir genießen durch Gegensätze und in Gegensätzen und daher doppelt. Die Zeitung auf dem Lande ist ein solcher Genuß, dem man stets mit einiger Ungeduld entgegensieht, um sich dann, fern vom Parteilärm, als friedlicher Zuschauer der Weltbegebenheiten zu fühlen. Wem genugsam Muße gegönnt ist (Deus nobis haec otia fecit), den zieht doch immer wieder die nächste Umgebung an. Diese grüne Gegenwart ist unerschöpflich an Anregung. Der ganze Frühling reiht Wunder an Wunder, eines immer lieblicher als das andere. Von der ersten Apfelblüte bis zum aufbrechenden Hollunder und dem hochzeitlichen Fest des Flieders, das durch den gleichzeitig in üppiger Fülle hervorquellenden Goldregen verherrlicht wird – welcher Wechsel von Gestalt, Farbe und Duft! Eines hat Eile, das andere einzuholen, bis diese blühende Ungeduld sich in Heckenrosen, Gartenrosen und Lilien erschöpft und der Gesang der Vögel: der kurzgefaßte Schlag des Finken, das gefühlsame Abendgespräch der Amsel, der Glockenton der Goldammer und das mitteilsame, melodische Geschwätz des Schwarzblattels – unseres Schwarzblattels vom Wienerwald – nach und nach verstummt. Um die Zeit der Sonnenwende stellt sich dieser Stillstand ein; der Sommer zeitigt die Frucht auf dem Baume, die Weintraube, das Getreide. Diese stille Arbeit belebt nur noch die Lerche, diese muntere Schwester der Nachtigall, die über den Feldern unverdrossen ihr Lied schmettert.

Und wie die Lerche in gewissen Gegenden der Landschaft ihr erquickliches Wesen treibt! ... Hinter Sievering, am neuen Friedhof vorüber, führt zwischen Wiesen und Weingärten ein von Rosenhecken, wildem Hopfen und Schlehdorn eingehegter Fußpfad zu einer traulichen Stelle, auf der ein Muttergottesbild und nicht weit davon eine bequeme Bank steht. Hier ist für Ohr und Auge reichlich gesorgt. In der Nähe breiten sich Roggen- und Gerstenfelder aus, und hier befinden sich die Lerchen, die wie andere Dichter und Sänger nach Brot gehen, auf ihrem natürlichen Nährboden. Es macht immer Vergnügen, dieses melodische Tier in seinem Gebahren zu betrachten. Wie von einer Hand geworfen, taucht die Lerche in den Luftraum ein. Singend flattert sie auf, höher, immer höher, ein schwärmender Mathematiker könnte sie einen singenden Punkt nennen. Es ist erstaunlich, welche Kraft in einem so unscheinbaren Geschöpf wohnt. Immer flatternd und immer singend, erhält es sich in der Höhe, die kleine Brust voll strömender Musik. Alles ist Klang in ihr. Ob sie den Atem einzieht oder aushaucht, alles singt und klingt. Ihr Reichtum an Mitteln ist bewundernswürdig: sie hat offene und gedeckte Töne, Kropftöne und helle Jubeltöne. Der rein melodische Reiz ihres Gesanges ist freilich nicht bedeutend, aber im Rhythmus höchst mannigfaltig. In anspringenden Anapästen, in schweren Längen, in hüpfenden Kürzen erinnert der Strophenbau des Lerchengesanges an antikes Versmaß. In dem Eigensinn, mit dem sie, immer energischer werdend, musikalische Figuren wiederholt, erinnert die Lerche an Beethovensche Art und Weise. Was aber den Hauptreiz des Lerchengesanges ausmacht, das ist sein unbedingter Optimismus, seine ungetrübte, jauchzende Freude am Dasein. Er verkündet eine vollkommene Welt. Wenn die Lerche aus der Höhe zurückkehrt, läßt sie sich auf die Erde fallen und singt am Rande der Felder, bevor sie sich in ihre Ackerfurche zurückzieht, den Abgesang ihres Liedes, der so heiter klingt wie das Lied selbst. Der Gesang der Lerche kann derart gefangennehmen, daß man die Umgegend eine Zeitlang nur wie durch einen Schleier sieht. Allmählich, wenn das Ohr gesättigt ist, treten die äußeren Umrisse deutlicher hervor, und man schaut in eine anmutige Wiener Landschaft hinein.

Jean Giono
In der Stille des Morgens

Der erste Morgenschimmer beleuchtet die Felder. Steh auf und sieh deine Einsamkeit! Dich umgibt das weite Land deiner Freude und deiner edlen Arbeit. Das tiefe Schweigen, das Fehlen aller menschlichen Geräusche braucht dich nicht zu beunruhigen; jeden Morgen wirst du in der tiefen Stille hören, wie der Fuchs zu seinem finsteren Bau zurückschleicht, wie der Falke davonfliegt; den Schrei der Lerche wirst du hören und das Scharren der Pferdehufe im Stall. Nach und nach wirst du lernen, Mensch zu sein. Du wirst sehen, es ist das Gegenteil dessen, was man dich gelehrt hat. Du wirst zuerst verwirrt sein durch jene Kraft, die dahin wirkt, dir das Wissen um dich selbst zu geben, und die damit beginnt, dich auf den von der Natur gewollten Platz zu stellen. Du wirst wie trunken sein und zugleich voller Bangigkeit. Du bist nicht mehr an der Achse des Rades, sondern im Rade selbst; du drehst dich mit ihm. Der Horizont, den du gewohnt bist stets an der gleichen Stelle zu sehen, schwankt um dich, wie bei der Entstehung der Welt. Jetzt wird die Welt geboren, und ihr Werden trägt dich mit fort. Kaum hast du das Wort Einsamkeit ausgesprochen, hörst du den Ruf zahlloser Gefährten. Einsamkeit war ein schreckliches Wort geworden; es bezeichnete die Grenzen aller Dinge; doch nun spürst du, wie du mit dem Himmel, der immer heller wird, mit dem fliegenden Vogel und der schwindenden Nacht, die die Füchse mit sich nimmt, immer inniger verbunden bist. Die philosophischen Systeme haben ständig versucht, dich in der Erkenntnis um dein eigenes Ich zu vervollkommnen. Die Anstrengungen, die man gemacht hat, um alles im Zusammenhang mit dir zu erklären und einzuordnen, hatten dir einen zu eitlen Begriff von deiner Stellung zur Welt gegeben. Du glaubtest die Achse zu sein, um die das Rad der Dinge sich dreht; da du sie dir nur hart und kompakt vorstellen konntest, glaubtest du selbst hart und kompakt zu sein, und so wurdest du es; denn die Einbildung formt, und deine Grenzen verengten sich um dich. [Ich werde dir später erklären, daß die Achse der Welt aus einer Substanz von geringer Dichtigkeit besteht. Dichtigkeit ist ein rein menschlicher Begriff. Beteigeuze, der die Nächte erhellt, hat eine Dichtigkeit, die eine Million mal geringer ist als die der Luft; Winde fahren hindurch, der Staub der Sterne durchdringt ihn; in ihm kochen die Stürme der finstersten Abgründe; uns erscheint er jedoch am Himmel wie ein goldener Nagelkopf.] Du warst in deine Haut eingeschlossen und wurdest immer undurchdringlicher. Du schmeicheltest dir, von ungeheurer Dichtigkeit zu sein. Doch die Gesetze der Welt zwangen dich zum Gehorsam; keiner jedoch kann außerhalb seiner Umwelt leben. Du hattest deine Augen, deine Ohren, deinen Mund, die Möglichkeiten deines Körpers und die Empfindlichkeit deiner Haut zerstört; alle Zugänge zum Inneren deines Körpers hattest du verschlossen. Um Kontakt nehmen zu können, hattest du nur noch deine Intelligenz. Unbewußt spürtest du, daß eine Trennung von ihr den Tod bedeuten würde. So hast du deine Intelligenz angebetet, das Einzige, das dir noch erlaubte, in Fühlung mit der Welt zu bleiben.

NÄHER AN DER ERDE

Johann Wolfgang von Goethe
Im hohen Gras

Eine wunderbare Heiterkeit hat meine ganze Seele eingenommen, gleich den süßen Frühlingsmorgen, die ich mit ganzem Herzen genieße. Ich bin allein und freue mich meines Lebens in dieser Gegend, die für solche Seelen geschaffen ist wie die meine. Ich bin so glücklich, mein Bester, so ganz in dem Gefühle von ruhigem Dasein versunken, daß meine Kunst darunter leidet. Ich könnte jetzt nicht zeichnen, nicht einen Strich, und bin nie ein größerer Maler gewesen als in diesen Augenblicken. Wenn das liebe Tal um mich dampft und die hohe Sonne an der Oberfläche der undurchdringlichen Finsternis meines Waldes ruht und nur einzelne Strahlen sich in das innere Heiligtum stehlen, ich dann im hohen Grase am fallenden Bache liege und näher an der Erde tausend mannigfaltige Gräschen mir merkwürdig werden; wenn ich das Wimmeln der kleinen Welt zwischen Halmen, die unzähligen unergründlichen Gestalten der Würmchen, der Mückchen näher an meinem Herzen fühle und fühle die Gegenwart des Allmächtigen, der uns nach seinem Bilde schuf, das Wehen des Alliebenden, der uns in ewiger Wonne schwebend trägt und erhält; mein Freund, wenn's dann um meine Augen dämmert und die Welt um mich her und der Himmel ganz in meiner Seele ruhn wie die Gestalt einer Geliebten, dann sehne ich mich oft und denke: Ach, könntest du das wieder ausdrücken, könntest du dem Papiere das einhauchen, was so voll, so warm in dir lebt, daß es würde der Spiegel deiner Seele, wie deine Seele ist der Spiegel des unendlichen Gottes! – Mein Freund! – Aber ich gehe darüber zugrunde, ich erliege unter der Gewalt der Herrlichkeit dieser Erscheinungen.

Christian Cay Lorenz Hirschfeld
Das Landleben

Der ganze Tag auf dem Lande ist ein ununterbrochener Zusammenhang von Ergötzungen, die uns niemals ermüden, noch verdrießlich werden lassen. Sobald man nur der Stadt sich entzogen hat, und mit freyem Gemüth in dem Labyrinth der Lustplätze des Landes umherirret; sogleich fängt auch die Seele an, sich einer gewissen Entzückung zu überlassen, worinn man die gewöhnlichen Auftritte des Lebens vergißt, und bey aller Lebhaftigkeit der Empfindung doch immer in dem Bezirke einer sanften Ruhe und Gelassenheit bleibt. Sagen Sie, Freund, haben Sie niemals eine ländliche Beschreibung mit solchem Gefühl gelesen, das bey Ihnen ein Verlangen erzeugt hätte, die schöne Natur in ihrem eigenen Schoose zu betrachten? Haben Sie niemals in Hagedorns Liedern die süße Nachtigall singen gehört, niemals in Kleistens Frühling einen Hügel bestiegen, und Wald und Berg und Thal lachen gesehen, niemals in Geßners Idyllen den frohen Festen der Hirten beygewohnt? Können Sie sich etwas Reizenderes vorstellen, als ein ganzes mit tausend abwechselnden Auftritten und Farben geschmücktes Land? Nur jene Aussicht da, wie viele Schönheiten sind nicht allein in ihr enthalten! Sanft über einander geworfene Hügel erheben sich allmählich zu einem Gebirge, wo das Auge ruhet; an ihren Abhängen schimmern junge Lämmer zwischen einem kleinen Buchenwald hervor; wie sie da hüpfen, wie der Schein der untergehenden Sonne die lachende Scene erheitert; wie die umherziehenden Wolken ein Gauckelspiel des Lichts und der Schatten verbreiten. Doch, was halt ich mich auf, Ihnen Schönheiten begreiflich zu machen, die mehr empfunden, als beschrieben werden können? Kommen Sie, Freund, nur aufs Land! Die Natur wird es Ihnen tausendfältig ersetzen, was ich Ihnen zu schildern unfähig bin.

Wilhelm Heinse
Am Rheinfall

Den 15. August [1780], nachmittags um fünf Uhr. Es ist, als ob eine Wasserwelt in den Abgrund aus den Gesetzen der Natur hinausrollte. Die Gewölbe der Schaumwogen im wütenden Schuß flammt ein glühender Regenbogen wie ein Geist des Zorns schräg herab. Keine Erinnerung, der stärkste Schwung der Phantasie kanns der gegenwärtigen Empfindung nachsagen. Die Natur zeigt sich ganz in ihrer Größe. Die Allmacht ihrer Kräfte zieht donnernd die kochenden Fluten herab, und gibt den ungeheuern Wassermassen die Eile des Blitzes. Es ist die allerhöchste Stärke, der wütendste Sturm des größten Lebens, das menschliche Sinnen fassen können. Der Mensch steht klein wie ein Nichts davor da, und kann nur bis ins Innerste gerührt den Aufruhr betrachten. Selbst der schlaffste muß des Wassergebürggetümmels nicht satt werden können. Der kälteste Philosoph muß sagen, es ist eine von den ungeheuersten Wirkungen der anziehenden Kraft, die in die Sinne fallen. Und wenn man es das hundertste Mal sieht: so ergreifts einen wieder vom neuen, als ob man es noch nicht gesehn hätte. Es ist ein Riesensturm, und man wird endlich ungeduldig, daß man ein so kleines festes mechanisches zerbrechliches Ding ist, und nicht mit hinein kann. Der Perlenstaub, der überall, wie von einem großen wütenden Feuer herumdampft, und wie von einem Wirbelwind herumgejagt wird, und allen den großen Massen einen Schatten erteilt, oder sie gewitterwolkigt macht, bildet ein so fürchterliches Ganzes mit dem Flug und Schuß und Drang, und An- und Abprallen, und Wirbeln und Sieden und Schäumen in der Tiefe, und dem Brausen und dem majestätischen erdbebenartigen Krachen dazwischen, daß alle Tiziane, Rubense und Vernets vor der Natur müssen zu kleinen Kindern und lächerlichen Affen werden. O Gott, welche Musik, welches Donnerbrausen, welch ein Sturm durch all mein Wesen! heilig! heilig! heilig! brüllt es in Mark und Gebein. Kommt, und laßt euch die Natur eine andre Oper vorstellen, mit andrer Architektur, und andrer Fernmalerei, und andrer Harmonie und Melodie, als die von jämmerlicher Verschneidung mit einem winzigen Messer euch entzückt. Es ist mir, als ob ich in der geheimsten Werkstatt der Schöpfung mich befände, wo das Element von fürchterlicher Allgewalt gezwungen sich zeigen muß, wie es ist, in zerstürmten ungeheuern großen Massen. Und doch läßt das ihm eigentümliche Leben sich nicht ganz bändigen, und schäumt und wütet und brüllt, daß die Felsen und die Berge neben an erzittern und erklingen, und der Himmel davor sein klares Antlitz verhüllt, und die flammende Sommersonne mit mildern Strahlen drein schaut.

Es ist der Rheinstrom: und man steht davor wie vor dem Inbegriff aller Quellen, so aufgelöst ist er; und doch sind die Massen so stark, daß sie das Gefühl statt des Auges ergreifen, und die Bewegung so trümmernd heftig, daß dieser Sinn ihr nicht nach kann, und die Empfindung immer neu bleibt, und ewig schauervoll und entzückend.

Man hört und fühlt sich selbst nicht mehr, das Auge sieht nicht mehr, und läßt nur Eindruck auf sich machen; so wird man ergriffen, und von nie empfundnen Regungen durchdrungen. Oben und unten sind kochende Staubwolken; und in der Mitte wälzt sich blitzschnell die dicke Flut wie grünlichtes Metall mit Silberschaum im Fluß; unten stürzt es mit allmächtiger Gewalt durch den kochenden Schaum in Abgrund, daß er wie von einer heftigen Feuersbrunst sich in Dampf und Rauch auflöst, und sich über das weite Becken wirbelt und kräuselt. An der linken Seite, wo sein Strom am stärksten sich herein wälzt, fliegt der Schuß wie Ballen zerstäubter Kanonenkugeln weit ins Becken und gibt Stöße an die Felsenwand wie ein Erdbeben. Rundum weiterhin ist alles Toben und Wüten, und das Herz und die Pulse schlagen dem Wassergotte, wie einem Alexander nach gewonnener Schlacht.

Eugène Delacroix
Die ganze Welt auf einem Quadratmeter

Champrosay, den 17. April 1846

Als ich heute früh im Walde von Sénart spazieren ging, bewunderte ich ein Insekt, halb Fliege, halb Schmetterling, wie ich noch keins gesehen zu haben glaube. Ich fragte mich, zu welchem Zweck dieses Tierchen existierte. Als ich mich niederbeugte, um es näher zu sehen, fielen meine Augen auf die mit Moos bewachsene Erde. Sie umfaßten den Umfang eines Quadratfuß und zeigten mir die Mannigfaltigkeit des Mineralreichs und Pflanzenreichs auf dieser winzigen Fläche. Ich sah kleine Flechten von gallertartiger Weichheit; andere, die, vielleicht seit gestern, vertrocknet waren, grasartige Pflanzen, kleine Kieselsteine jeglicher Art. Alles das war mit geschäftigen Ameisen bedeckt. Die einen zogen gemeinsam eine Last, andere gingen aneinander vorüber oder hielten einen Augenblick, wie um sich eine wichtige Nachricht mitzuteilen. Kurz tausend Dinge, die mir jetzt entgehen, ließen mich an die Erdbeerstaude des Bernardin de Saint-Pierre denken und mahnten mich an die Unendlichkeit der Natur. Beim Anblick dieser vielen geschäftigen Tierchen, von denen das eine an dem Kelch einer Blume sog, das andere ein Sandkorn vorwärts wälzte, alles das mit dem Anschein eines Lebens, Wirkens, selbst Sterbens für einen Zweck, kam mir zum Bewußtsein, daß nicht eins dieser Geschöpfe unnütz in der Schöpfung sei. Und von dieser Einsicht zu der Annahme, keins von ihnen sei entbehrlich, kein Atom dieser Welt lasse sich wegdenken, ist nur ein Schritt. Da nun der Mensch selbst eine kleine Welt ist und seine Ideen, seine Werke unter denselben Bedingungen entstehen wie alles, was ihn umgibt, wird leicht ersichtlich, daß, je vollkommener das Werk eines Menschen in seiner Gesamtheit ist, desto notwendiger die Teile sind, die es zusammensetzen. Es ist nur den größten Künstlern eigen, ihren Werken die denkbar größte Einheit zu geben, so daß die Einzelheiten ihr nicht nur nicht schaden, sondern ihr unumgänglich notwendig sind. Wer könnte annehmen, der Baumeister des Alls habe ohne Absicht die kleinste Zelle lebenden oder toten Stoffs erschaffen können?

Ich ging weiter und stieß auf Gräben, die mit Wasser gefüllt waren. Fliegen und Insekten, die jeder von uns kennt, tummelten sich hier herum auf ihren langen Beinen, glitten hin und blieben stehen, ohne die Fläche des Wassers zu kräuseln. Andere Vorgänge gingen in dem Wasser und an den Ufern vor sich. Immer derselbe unübersehbare Reichtum von Wesen aller Arten. In der kleinen Pfütze spiegelten sich die Wolken, das Blau des Himmels und die Bäume. Unter mir sah ich, was über mir vorging. Vögel durchzogen das bewegte Bild. Pflanzen neigten sich über den Rand des Wassers und malten sich darin, und in den Teilen des Wassers, die des Schattens wegen nicht spiegelten, erblickte ich undeutlich wie auf dem Grunde eines Gefäßes andere Wesen, andere Pflanzen, von denen manche bis an die Oberfläche kamen.

Ein wenig weiter wies mich ein unangenehmer Geruch auf das Dasein eines halb ausgetrockneten und mit Scherben gefüllten Sumpfes. Darin schien das Leben noch größer. Der Geruch, der mich zurückstieß, schien gerade Tausende von Geschöpfen magnetisch anzuziehen. Wie muß es auf einem großen Schlachtfelde sein mit Leichen von Menschen und Tieren? Das Auge des Gelehrten würde unzählige Arten von Lebewesen entdecken, die sich da wie die Teilnehmer an einem Bankette versammeln, oder vielmehr wie Arbeiter in einer großen Werkstatt der Verwesung und Auferstehung.

Die menschliche Industrie läßt, sagt man, in unseren Städten nichts von den geringsten Abfällen von allem, das unserem Gebrauch gedient hat, verderben. Ganze Klassen leben von dem, was zu nichts mehr gut scheint. Wie aber muß das industrielle Wirken jener Myriaden von Wesen sein, die die Natur dazu bestimmt hat, sich das anzueignen und umzuformen, was ausgedient hat, um zu lebenden Schmelzöfen für die Welt zu werden!

Henry David Thoreau
Der natürliche Tag

Im ersten Sommer las ich keine Bücher; ich pflanzte Bohnen. Nein, oft tat ich noch etwas Besseres. Es gab Zeiten, in denen ich mich nicht entschließen konnte, die Blüte des Augenblicks irgendwelcher Arbeit des Kopfes oder der Hände zu opfern. Ich lasse gern einen breiten Rand an meinem Leben. An manchem Sommermorgen saß ich, nachdem ich mein gewohntes Bad genommen hatte, von Sonnenaufgang bis Mittag in Träumerei versunken, auf meiner sonnenbeschienenen Türschwelle zwischen Fichten, Walnußbäumen und Sumach in ungestörter Einsamkeit und Stille, während die Vögel ringsumher sangen oder leise durch das Haus flatterten, bis ich durch die an das westliche Fenster fallenden Sonnenstrahlen oder durch Wagengerassel auf der Landstraße daran erinnert wurde, daß die Zeit vergeht. In solchen Stunden wuchs ich wie das Korn in der Nacht; sie waren viel besser, als irgendwelches Werk meiner Hände gewesen wäre. Es war keine meinem Leben abgezogene, sondern um soviel dreingegebene Zeit. Ich verwirklichte das, was die Orientalen Beschaulichkeit und Arbeitsenthaltsamkeit nennen. Meistens kümmerte ich mich nicht darum, wie die Stunden verflogen. Der Tag stieg empor, als ob er mein Werk beleuchten wolle. Es war Morgen, aber siehe, nun ist es Abend geworden, und nichts Berichtenswertes ward getan. Statt zu singen wie die Vögel, freue ich mich stillvergnügt meines dauernden Glückes. Wie der Sperling, der auf dem Nußbaum vor meiner Tür sitzt, seinen Triller, so hatte ich mein Lachen, mein innerliches Lied, das er aus meinem Neste erklingen hören konnte. Meine Tage waren keine Wochentage, die den Stempel irgendeiner heidnischen Gottheit trugen, noch waren sie in Stunden zerhackt oder durch das Ticken einer Uhr zernagt, sondern ich lebte wie die Puri-Indianer, von denen es heißt, daß sie »für gestern, heute und morgen nur *ein* Wort zu besitzen und den Unterschied in der Bedeutung ausdrücken, indem sie für gestern rückwärts, für morgen vorwärts und für heute über den Kopf nach oben deuten«. Das erschien zweifellos meinen Mitbürgern als pure Faulheit; hätten mich aber die Vögel und Blumen nach ihrem Maß gemessen, so wäre ich nicht zu gering befunden worden. Es ist wahr, der Mensch muß in sich selbst den Antrieb finden. Der natürliche Tag ist ruhig genug; er wird ihm kaum ob seiner Trägheit Vorwürfe machen.

Robert Louis Stevenson
EINE NACHT UNTER KIEFERN

Obwohl es schon spät war, machte ich mich von Le Bleymard nach dem Mittagessen auf, um den Mont Lozère anzugehen. Eine dürftig markierte, steinige Trift wies mir den Weg, und ich begegnete fast einem halben Dutzend Ochsenkarren, die von den Wäldern herabkamen und deren jeder mit einem ganzen Kiefernstamm für Brennholz im Winter beladen war. An der Baumgrenze, die an diesem rauhen Kamm nicht sehr hoch liegt, schlug ich mich auf einem Pfad links seitwärts in die Kiefern, bis ich auf eine grasige Mulde stieß, wo ein Bächlein über Steinen eine winzige Kaskade bildete, die mir als Wasserhahn diente. »In einer derart weihevollen, abgeschiedenen Laube, daß Nymphe selbst und Faun sie mieden« (Keats). Die Bäume waren nicht alt, aber sie standen dichtgeschlossen um die Lichtung. Eine Aussicht öffnete sich mir gen Nordosten auf ferne Hügelkuppen oder aufwärts gen Himmel. Der Lagerplatz kam mir so privat und sicher vor wie ein Zimmer.

Als ich mich eingerichtet und Modestine gefüttert hatte, begann der Tag sich schon zu neigen. Ich steckte meine Beine bis zu den Knien in den Sack und aß herzhaft. Sobald die Sonne untergegangen war, zog ich meine Kappe über die Augen und schlief ein.

Unter einem Dach ist die Nacht eine stille, monotone Zeit.

Im Freien verläuft sie flink mit ihren Sternen, ihrem Tau und ihren Düften, und die Stunden sind gezeichnet von den Veränderungen im Antlitz der Natur. Was zwischen Wänden und Gardinen eingesperrten Menschen wie eine Art zeitweiliger Tod vorkommt, ist nur ein leichter und belebter Schlummer für jemanden, der draußen schläft. Die ganze Nacht hindurch kann er die Natur tief und frei atmen hören; selbst wenn sie ruht, regt sie sich und lächelt, und es gibt eine rührige Stunde, zu der ein Fluidum die schlafende Welt weckt und alles, was da kreucht und fleucht, auf die Beine bringt. Dann kräht der Hahn zum ersten Mal, jetzt jedoch nicht, um den Tagesanbruch zu verkünden, sondern als munterer Wächter, der die Nacht zur Eile spornt. Die Rinder erwachen auf den Weiden. An taubenetzten Hügellehnen sind die Schafe beim Frühstück und wechseln zu einem neuen Weideplatz unter den Farnen. Männer ohne Bleibe, die sich mit den Hühnern zur Ruhe gelegt hatten, öffnen die benebelten Augen und schauen die Schönheit der Nacht.

Durch welche unhörbare Aufmunterung, mit welchem sanften Hauch werden alle diese Schläfer zur gleichen Stunde ins Leben zurückgerufen? Rieselt von den Sternen ein Einfluß herab, oder spüren wir ein Beben von Mutter Erde unter unseren ruhenden Körpern? Sogar Schäfer und alte Bauersleute, die sich doch in diesen Geheimnissen am besten auskennen, haben keine Ahnung von Mitteln und Wegen dieser nächtlichen Auferweckung. Gegen zwei Uhr morgens, sagen sie, tritt das Phänomen ein; mehr wissen und weiter fragen sie nicht. Zumindest ist es eine angenehme Unterbrechung. Der Epikuräer Montaigne meinte, wir würden in unserem Schlaf nur gestört, damit wir ihn umso besser und fühlbarer auskosten mögen. Wir haben eine momentane Regung, zu den Sternen aufzublicken, und manch einem verschafft dann der Gedanke ein besonderes Wohlbehagen, daß er diesen Impuls mit allen anderen im Freien lebenden Wesen um sich herum teilt, daß er aus der Zwingburg der Zivilisation entkommen ist und mindestens zeitweilig zu nichts weiter wurde als zu einem lieben Tier, einem Schaf in der Herde der Natur.

Als diese Stunde zu mir unter den Kiefern gekommen war, erwachte ich durstig. Halbgefüllt mit Wasser stand mein Becher neben mir. Ich leerte ihn mit einem Zuge. Hellwach nach dieser innerlichen kalten Abspritzung setzte ich mich auf und drehte mir eine Zigarette. Die Sterne waren klar, glänzten wie Diamanten in verschiedenen Farben, aber keineswegs kalt. Die Milchstraße verhüllte ein matter silbriger Dunst. Um mich in der Runde ragten stockstill die schwarzen Baumkronen. An dem weißen Packsattel konnte ich Modestine erkennen, wie sie am Ende ihres Stricks unablässig im Kreise herumging; hören konnte ich sie beim gleichmäßigen Kauen des Grases. Es gab keinen anderen Laut außer dem nicht zu beschreibenden leisen Geplauder des Bächleins auf den Steinen. Lässig rauchend lag ich und studierte die Farbe des Himmels, wie wir die Leere des Raumes nennen, von der Stelle hinter den Kiefern, wo sie in rötlichem Grau erschien, bis zum Blauschwarz zwischen den Sternen. Als ob ich einem Hausierer möglichst ähnlich sehen wollte, trug ich einen silbernen Ring. Ihn konnte ich schwach schimmern sehen, wenn ich meine Zigarette hob oder senkte, und bei jedem Zug erleuchtete sich meine Handfläche und wurde für eine Sekunde zum hellsten Fleck in der Landschaft.

Ein leiser Windhauch, eher eine wallende Kühle als ein Luftstrom, durchzog die Lichtung von Zeit zu Zeit, so daß die Luft in meinem großen Zimmer die ganze Nacht hindurch ständig erneuert wurde. Mit Entsetzen dachte ich an den Gasthof in Chasseradès und die Ansammlung von Nachtmützen zurück, mit Entsetzen an den nächtlichen Schneid von Schreibern und Studenten, an heiße Theater, an Hausschlüssel und an stickige Räume. Ich habe mich nicht oft einer so heiteren Selbstgewißheit erfreut oder mich so unabhängig von materiellen Hilfen gefühlt. Die Außenwelt, vor der wir uns in unsere Häuser ducken, stellte sich am Ende als ein huldreicher, wohnlicher Ort heraus, und Nacht für Nacht war anscheinend dem Menschen ein Bett bereitet, das auf ihn wartete auf der weiten Flur, wo Gott ein offenes Haus hält. Ich meinte, eine jener Wahrheiten wiederentdeckt zu haben, die den ›Wilden‹ offenbart sind, den

Wirtschaftspolitikern hingegen verborgen bleiben. Zumindest hatte ich ein neues Glücksgefühl für mich selbst entdeckt. Doch während ich noch so von meiner Einsamkeit schwärmte, wurde ich mir eines sonderbaren Mangels bewußt. Ich wünschte, daß eine Gefährtin neben mir im Sternenlicht läge, still und stumm, aber immer in Fühlung. Denn es gibt eine Gemeinschaft, die sogar noch stiller ist als Einsamkeit und die, richtig verstanden, Einsamkeit in höchster Perfektion ist. Und im Freien mit der geliebten Frau zu leben, ist für einen Mann von allen Leben das vollkommenste und freieste.

Hermann Hesse
Setze dich nieder, wo du willst

Wenn ich diese gesegnete Gegend am Südfuß der Alpen wieder sehe, dann ist mir immer zumute, als kehre ich aus einer Verbannung heim, als sei ich endlich wieder auf der richtigen Seite der Berge. Hier scheint die Sonne inniger, und die Berge sind röter, hier wächst Kastanie und Wein, Mandel und Feige, und die Menschen sind gut, gesittet und freundlich, obwohl sie arm sind. Und alles, was sie machen, sieht so gut, so richtig und freundlich aus, als sei es von Natur so gewachsen. Die Häuser, Mauern, Weinbergtreppen, Wege, Pflanzungen und Terrassen, alles ist weder neu noch alt, alles ist, als sei es nicht erarbeitet, erklügelt und der Natur abgelistet, sondern entstanden wie Fels, Baum und Moos. Weinbergmauer, Haus und Hausdach, alles ist vom selben braunen Gneisgestein gemacht, alles paßt brüderlich zueinander. Nichts sieht fremd, feindlich und gewaltsam aus, alles scheint vertraulich, heiter, nachbarlich.

Setze dich nieder, wo du willst, auf Mauer, Fels oder Baumstumpf, auf Gras oder Erde: überall umgibt dich ein Bild und Gedicht, überall klingt die Welt um dich her schön und glücklich zusammen.

Hier ist ein Gehöft, wo arme Bauern wohnen. Sie haben kein Rindvieh, nur Schwein, Ziege und Huhn, sie pflanzen Wein, Mais, Obst und Gemüse. Das ganze Haus ist aus Stein, auch Böden und Treppen, zum Hofe führt eine behauene Stufe zwischen zwei Steinsäulen. Überall blaut zwischen Gewächs und Gestein der See herauf.

Die Gedanken und Sorgen scheinen jenseits der Schneeberge liegengeblieben zu sein. Zwischen gequälten Menschen und häßlichen Sachen denkt und sorgt man so viel! Es ist dort so schwer, und so verzweifelt wichtig, eine Rechtfertigung des Daseins zu finden. Wie sollte man denn sonst leben? Vor lauter Unglück wird man tiefsinnig. – Hier aber sind keine Probleme, das Dasein bedarf keiner Rechtfertigung, die Gedanken werden zum Spiel. Man empfindet: die Welt ist schön, und das Leben ist kurz. Nicht alle Wünsche ruhen; ich möchte ein paar Augen mehr, eine Lunge mehr haben. Ich strecke die Beine ins Gras und wünsche, sie möchten länger sein.

Ich möchte eine Riese sein, dann läge ich mit dem Kopfe nah am Schnee auf einer Alp zwischen den Ziegen, und meine Zehen unten plätscherten im tiefen See. So läge ich und stünde nimmer auf, zwischen meinen Fingern wüchse Gesträuch, in meinem Haar Alpenrosen, meine Knie wären Vorgebirge, auf meinem Leibe stünden Weinberge, Häuser und Kapellen. So liege ich zehntausend Jahre, blinzle in den Himmel, blinzle in den See. Wenn ich niese, gibt es ein Gewitter. Wenn ich drüber hauche, schmilzt der Schnee, und Wasserfälle tanzen. Wenn ich sterbe, stirbt die ganze Welt. Dann fahre ich übers Weltmeer, eine neue Sonne zu holen. Wo werde ich diesen Abend schlafen? Einerlei! Was macht die Welt? Sind neue Götter erfunden, neue Gesetze, neue Freiheiten? Einerlei! Aber daß hier oben noch eine Primel blüht und Silberpelzchen auf den Blättern trägt, und daß der leise süße Wind dort unten in der Pappel singt, und daß zwischen meinem Auge und dem Himmel eine dunkelgoldene Biene schwebt und summt – das ist nicht einerlei. Sie summt das Lied vom Glück, sie summt das Lied von der Ewigkeit. Ihr Lied ist meine Weltgeschichte.

Hermann Lenz
Kleine Schule der Empfindsamkeit

Später lag er am Hang und sah hinunter auf schwarze Teerpappedächer, während Kuhglocken in der Ferne klangen. Ein Ochsengespann stapfte drüben auf dem Acker. Eugen spürte sein linkes Ohr in der Sonne heiß werden und hörte den Blättern zu, die im Wind zu plätschern schienen. Eine Rabenfeder hatte er im Gehen aufgelesen und hineingelegt in Mörikes ›Gedichte‹. Vor ihm steckte sein Wanderstock, und am Boden schwankten dünne und gebleichte Gräser. »Wuju« machte eine Fliege. Wie die Blaubeeren geschmeckt haben …, dachte er und erinnerte sich an Farnwedel, die gelbgrün dagestanden waren und seine nackten Knie gestreift hatten. Wie der Knall tschechischer Kanonen überm Wald widergehallt, wie der Sand auf den Wegen ihn an Salz erinnert hatte … Und er merkte, daß er müde war und am liebsten hier geblieben wäre, obwohl er wahrscheinlich in diesem Dorf keinen Gasthof gefunden hätte, um zu übernachten.

BEI WIND UND WETTER

Ludwig Tieck
Wenn der Nebel aufreisst

An einem trüben Tage reisete die Gesellschaft von Dresden ab, ziemlich spät, so sehr auch Ferdinand getrieben hatte, damit man noch zeitig in Teplitz anlangen könne. Der bequeme Walther aber, der es nicht in der Art hatte, Zeit und Stunde sehr zu beachten, hatte die Stunde versäumt. Die schöne Gegend bei Pirna, die anmuthige bei Gießhübel, die Waldpartien, die wechselnden Aussichten ergötzten alle. Auf der Grenze wurden die Reisenden, die nicht viel Gepäck mit sich führten, nur wenig aufgehalten. Der Weg bis zum Nollendorfer Berg hinauf war ermüdend und langweilig, denn schon in Peterswalde hatte sich ein dichter Nebel herabgesenkt, der jede Aussicht verdeckte. Oben auf dem höchsten Punkte des Berges von Nollendorf steht eine kleine Kirche. Hier stiegen die Reisenden aus, um, wo möglich, etwas von der Schönheit der Natur zu genießen.

Der Wagen fuhr indessen das Thal hinunter, als die Naturbeobachter noch oben im dichten Nebel standen und kaum die nächsten Sträucher am Wege unterscheiden konnten. Wachtel sagte: Eigentlich, meine Freunde, ist dies, was wir hier nicht sehn, und indem wir nichts sehn, der erhabenste Anblick der Natur. Dies ist ein Bild vom alten uranfänglichen Chaos, welches der wundersame Großvater aller Formen und Gestaltungen war. Wir übereilen uns, wenn wir uns das Nichts als nichts denken wollen: was sich weder denken noch vorstellen läßt. Nein, so wie wir es hier vor uns sehen, ist das Nichts beschaffen. Alles, so weit man sieht und denkt, ein unreifer Brei, eine angehende Milch, ein blöder Lehrling für ein Sein. Wie Silhouetten-Gespenster dort die Bäume und Sträucher, eben nur zu errathen, Finsterniß in diesem bleichen Dunkel, dort ebenso die Wand der Kirche. Alles nur Räthsel: steht da, wie Aberglauben im Meere der Unvernunft. Wenden wir nun einmal dieses eingebräute Gleichniß vor uns auf unsre eignen Köpfe an, so – –

Hier versagte dem Schwatzenden das Wort im Munde, denn einem Wunder gleich riß sich eine große breite Spalte in dem dichtgewundenen Nebel, und grünes Land, sonnenbeglänzter Wald lag unten, gegenüber funkelnde Berge im wachsenden Lichte. Kaum entdeckt, brachen links und rechts neue Klüfte im weißen Nebelmeer auf, und wie selige Inseln zeigten sich von allen Seiten Gebirg und Flur im spielenden Glanz des fluthenden Sonnenscheines, indessen noch dazwischen wie Wände oder Säulen die ineinandergeflochtenen Wolken alle Aussicht deckten. Nun entstand ein Kampf zwischen Licht und Dunkel: Alles wallte und zog hin und wieder. Die Wolken löseten sich in Streifen, die leichter und wolliger zerflossen und sich endlich in den Glanz verloren und untertauchten. So wurden von unsichtbarer Hand allgemach die Vorhänge weggehoben und das ganze Gebirge mit seinen schönen Formen lag weit ausgebreitet in allen Abstufungen des vollen und gemilderten Lichtes vor den Augen der entzückten Beschauer.

Diese Landschaft, rief endlich Ferdinand aus, muß eine der schönsten in Deutschland seyn.

Wie oft ich auch die Reise machte, sagte Walther, so habe ich doch niemals dieses überraschende Entzücken genossen, welches mich heut ergriffen hat. Wie herrlich wäre es, wenn der Elbstrom durch dieses Thal flösse, denn nur Wasser fehlt dieser lieblichen Natur.

Sprechen wir nur nicht so, rief Wachtel aus, wie ich dergleichen schon so oft habe hören müssen. Ihr waret ja eben noch entzückt, Freunde, und schon fangt ihr an, Mangel zu empfinden, zu kritteln und zu kritisiren. Wie schön der Anblick eines gewundenen Stromes auch sei, wenn er wie ein belebender Geist hin durch die Landschaft glänzt, so paßt er doch nicht in jede Naturscene hinein. Hier, wo Alles lieblich, so einklingend ist, würde er mich nur stören: er höbe das Gefühl dieser behaglichen Einsamkeit gewissermaßen auf. Rhein, Neckar, Mosel und der schöne Theil der Elbe beherrschen die Gegend, durch welche sie strömen, prägen ihr den Flußcharakter auf; hier aber führen die schönen Gebirge unmittelbar selbst das Wort. Stören kann oft eine kahle, unbedeutend schroffe Wand, wenn sie zwischen den schönsten Linien der Gebirge sich eindrängt, ein nackter Hügel, dem man die Waldung geraubt hat, eine wüste Sandfläche, die sich todtenbleich und krank zwischen lustiges, lebensvolles Grün der Fluren wirft, aber hier, Freunde, ist Alles so ganz und voll, daß euch nichts mangeln sollte.

Sie stiegen jetzt beim schönsten Wetter den Berg hinab. Ein Fußpfad führte sie durch den Wald, aus welchem sie bald hier, bald dort wieder den freien Ausblick zu den Gebirgen hatten. Die Frühlingsvögel sangen nicht mehr, aber durch die feierliche Einsamkeit schrillten und zirpten die kleinen Vögelchen ihre einfachen kindischen Melodien.

Sie trafen im Thale ihren Wagen wieder, aber die Abendsonne beschien die Kapelle oberhalb Culm und den Weingarten, auf welchem sie schimmerte, so einladend, daß die Uebrigen Walther's Vorschlage gerne folgten, noch zum Hügel hinaufzuklimmen, um den Untergang der Sonne von dort zu genießen.

Henry David Thoreau
Die Morgenluft

Die unbeschreibliche Unschuld und Güte der Natur – Sonne, Wind und Regen, Sommer und Winter – gewähren auf immerdar solche Gesundheit, solche Heiterkeit und haben so große Sympathie für unser Geschlecht, daß die ganze Natur verwirrt würde, der Glanz der Sonne erbleichen müßte, die Winde gleich Menschen seufzen, die Wolken Tränen regnen und die Wälder zur Sommersonnenwende ihre Blätter zur Erde sinken lassen und Trauer anlegen müßten, wenn je ein Mensch gerechte Ursache hätte, sich dem Kummer hinzugeben. Soll ich nicht im Einvernehmen mit der Erde stehen? Bin ich nicht selbst zum Teil Blätter und Pflanzenerde?

Was ist das für ein Heilmittel, das uns wohl, heiter und zufrieden erhält? Nicht das von deinem und meinem Urgroßvater, sondern das unserer Urgroßmutter: der *Natur* allheilende Kräuter- und Pflanzenarzneien, mit denen sie sich selbst immer jung erhielt, mit Hilfe derer sie seinerzeit so manchen alten Parr überlebte und aus dessen verfallenem Gebein sie ihre Gesundheit sog. Mein Universalheilmittel sei – statt einer Quacksalberflasche voll aus Acheron und dem Toten Meere geschöpfter Mixtur, die aus jenen langen, trauerschiffartigen Wagen kommen, welche wir manchmal zum Flaschentransport verwendet sehen – ein Trunk unverdünnter Morgenluft. Morgenluft! Wenn die Menschen nicht davon trinken wollen am Urquell des Tages, so müssen wir auch sie auf Flaschen ziehen und im Laden verkaufen, zum Besten derjenigen, welche ihre Abonnementskarte für Morgenluft in dieser Welt verloren haben. Aber bedenkt: sie hält sich selbst im kühlsten Keller nicht bis zum Mittag, sondern treibt den Pfropfen heraus und folgt nach Westen den Spuren der Aurora. Ich bin kein Anbeter der Hygieia, der Tochter jenes alten Kräuterdoktors Äskulap, welcher auf Denkmälern abgebildet ist: die Schlange in einer Hand und einen Becher, aus dem die Schlange von Zeit zu Zeit trinkt, in der andern Hand haltend. Vielmehr verehre ich Hebe, welche Jupiter den Becher kredenzte, die Tochter der Juno und des wilden Lattich; sie besaß die Macht, Göttern und Menschen ihre Jugendkraft zurückzugeben. Sie war wahrscheinlich die einzige vollkommen richtig beschaffene, gesunde und kräftige junge Dame, die je auf Erden wandelte. Wohin sie kam, da wurde es Frühling.

Kurt Tucholsky
Im dichten Nebel

»Abmarsch vier Uhr morgens im dichten Nebel. Beginn der steilen Böschung; langsamer Aufstieg im Gänsemarsch. Erste Stunde: Rückenansicht meines Führers sowie eines Pferdehinterteils. Der Führer hat eine Jacke aus flaschengrünem Samt, rechts und links ist der Stoff etwas ausgebessert, das Pferd ist schmutzigbraun und hat Striemen. Große Steine auf dem Weg, ich muß an die deutsche Philosophie denken. Zweite Stunde: Es klärt sich auf, jetzt kann ich das linke Auges des Führerpferdes sehn. Das Tier ist auf diesem Auge blind – es verliert aber nichts. Dritte Stunde: Die Aussicht wird immer weiter. Ich sehe jetzt zwei Pferderücken und zwei Jacken von Touristen, die fünfzehn Schritt unter uns sind. Graue Jacken, rote Gürtel, Mützen. Sie fluchen. Ich fluche auch, das tröstet etwas. Vierte Stunde: Große Begeisterung. Der Führer verspricht uns, wenn wir oben angekommen sind, ein Wolkenmeer. Wir sind oben, wir sehen das Wolkenmeer. Leider sind wir grade mittendrin. Die Sache sieht aus wie ein Dampfbad – vom Dampfbad ausgesehn. Bilanz: Schnupfen, Reißen in den Füßen, Hexenschuß, Frost, wie wenn man acht Stunden in einem ungeheizten Wartezimmer gesessen hätte.« – »Kommt das oft vor?« fragt Taine seine Figur. »Von drei Malen zwei« sagt die. »Die Führer geben das große Ehrenwort: es kommt überhaupt nicht vor.«

Und während ich noch in der Hotellerie frühstücke, die sauber ist und schön kalt, bezieht sich der Gipfel mit weißen Wolken, die vom Tal aus hinauffegen, ganz gewiß, jetzt wird er eine Mütze bekommen – und ich bin … »Je suis chocolat« sagen die in Paris. Mit einem halben gebratenen Fisch und etwas Heu im Hals reiten wir nach oben: der Esel und ich. Nach einem kleinen Stündlein sind wir oben. (…)

Und nun sehe ich mich um.

Man sieht: in der Ebene, nach Toulouse hin, ein Wattemeer von Wolken – unten ist also jetzt schlechtes Wetter, und die

Leute sagen: »Wenn doch nur die Sonne einmal scheinen wollte!« Hier scheint sie. Ab und zu ziehen graue Schwaden über die Kuppe, dann steht man im Nebel. Die Pyrenäen sind wie mit einem Messer in den blauen Himmel geschnitten, so klar stehen sie da. Ich grüße alte Bekannte: Gavarnie und die Rolandbresche und viele andre. Manche tun furchtbar fein und erkennen mich nicht wieder.

Max Frisch
Die ersten warmen Tage

Schon wieder die ersten Knospen! Die langen Weidenzweige hangen wie grüne Perlenschnüre, sie erinnern an die klingelnden Schleier in gewissen Wirtschaften, und allenthalben zwitschern die Vögel, Bläue schwimmt durch das spröde Gezweig, die Sonne scheint überall hin, Büsche und Sträucher sind wie ein Sieb. Irgendwie ist es zuviel, vor allem das Zwitschern der Vögel; wenigstens riecht es nach Jauche, wenn man über die Felder wandert, und in den Gehöften gackert es von weißen Hühnern. Manchmal kommt eine Wolke, und man ist froh um den Mantel, aber herrlich flattert die Wäsche, die draußen über den grünen Wiesen hängt, sie knallt wie eine Peitsche, und es glitzert der Brunnen, sein verwehtes Wasser plätschert über den Trog. Die vertrauten Fassaden unsrer Bauernhäuser, man bemerkt sie stärker als sonst; es blinken ihre niedren Fensterreihen, ihre Scheiben voll kleiner Sprossen, die noch von keinen Blumen umrankt sind, von keinem Weinlaub überschattet; die Spaliere sind nichts als ein Gitter von schlanken und bläulichen Schatten, eine schwebende Arabeske über verblaßtem Vitriol ihrer Mauern. Flieger über sich am Himmel. In den Schulhäusern, wenn man durch die Dörfer geht, singen sie bereits bei offenem Fenster, chorweise, daß es hallt über den öden Platz mit Recken und gestutzten Platanen, und irgendwo aus einem

Tobel jault eine Sägerei, daß es durch Mark und Bein geht, und auf den Friedhöfen, wo die ersten Blumen wachsen, verrechen sie den Kies. Stundenlang wandere ich über gelassene Hügel. Die Wege sind weich, man muß auf dem Rande gehen; wie gläserne Scherben liegen die Tümpel darin, Räderspuren und Hufe, die den Himmel spiegeln. Man stapft durch Wälder, die fast ohne Schatten sind; nur selten gibt es noch ein Loch mit verschmutztem Schnee, körnig und grau und von Tannennadeln übersät; über einer Kiesgrube sehe ich den ersten Schmetterling. Man kann sich kaum verirren, so durchsichtig ist alles, und wenn man wieder hinauskommt, wogt es weiter mit Hügeln und braunen Mulden, Birken stehen am Rand eines Moores, und auf finsterem Acker dampfen die Rosse, sie ziehen den Pflug, die Egge, oder man verzettelt den Mist; immer bleibt die verblauende Ferne hinter schwarzen Apfelbaumzweigen. Gebirge hangen jenseits über Räumen voll silbernem Dunst, ein Gleißen von schmelzendem Schnee; die Luft ist voll Verheißung, die Luft ist voll Ostern, und es ist mir, als wäre gestern erst Frühling gewesen –.

Wenn es stimmt, daß die Zeit nur scheinbar ist, ein bloßer Behelf für unsere Vorstellung, die in ein Nacheinander zerlegt, was wesentlich eine Allgegenwart ist; wenn alles das stimmt, was mir immer wieder durch den Kopf geht, und wenn es auch nur für das eigene Erleben stimmt: warum erschrickt man über jedem Sichtbarwerden der Zeit?

Als wäre der Tod eine Sache der Zeit.

Bernd Wagner
Abstieg aus dem Gebirge

Auf dem Gipfel länger zu bleiben war zwecklos, da der Nebel alles verhüllte. Ich folgte den roten Pfeilen, die mich in östlicher Richtung den Kammweg entlangführen sollten. Der Weg wand sich aber in Spiralen abwärts, und nach zwanzig Minuten stand ich wieder an der Stelle, von der aus ich an das letzte Stück des Aufstiegs gegangen war. Ich suchte die Karte hervor, um meinen Standort zu bestimmen. Der Karte nach zu urteilen, mußte ich mich nördlich des Gipfels an einer Kreuzung befinden, von der auch mein Kammweg seinen Ausgang nahm. Ich bemerkte schließlich an einem Holzschild einen kleinen grünen Pfeil, der auf eine öde, mit handtellergroßen Steinen übersäte Fläche wies. In den Schutt waren Pfähle gerammt, die die Orientierung erleichtern sollten. Ich folgte diesen Pfählen. Der Wind blies hier noch schärfer als auf dem Gipfel, abgerissene Wolkenfetzen und Nebel trieben entlang, die Steine waren glitschig und glatt. Der Weg führte langsam, aber stetig bergab. Ich zog die Kapuze über den Kopf, weil mir die Ohren zu schmerzen begannen und die Haare naß ins Gesicht hingen. Eine halbe Stunde mochte ich gegangen sein, und noch immer war nichts anderes als Steine, Nebel und der jeweils nächste der Pfähle zu sehen. In Amerika pflegten die stake-men solche Pfähle zu versetzen, um die Trecks in die Irre zu führen und auszurauben. Auch hier war eigentlich nichts anderes vorstellbar, als daß der Weg vor irgendeiner Schlucht in irgendeiner wasserlosen Steinwüste endete. Natürlich war das nicht der Fall. Mein Weg führt zu einer verfallenen Baude, an deren Holzplanken zwei Wegweiser genagelt waren. Der eine zeigte weiter in Richtung des Kammweges, der andere auf einen kleinen Seitenpfad, der ganz selbstverständlich und unbeaufsichtigt ins Tschechische führte. Ich tat einen Schritt zur Seite und war in einem anderen Land. Der Weg führte immer steiler abwärts, meine Knie schmerzten. Doch das alles konnte mir wenig anhaben: ich ging, ich befand mich auf einem Weg. Auch daß der Rucksack schwer war und an den Schultern zog, war notwendig; das gibt dem Ganzen einen Anflug von Arbeit – hier wird nicht spazierengegangen, hier wird gewandert. Gewandert aber nicht wie Onkel Fritz auf dem Rennsteig, nein, ernsthafter, so wie die Handwerksgesellen, die vor Abend in der und der Herberge sein müssen, noch mehr wie die Soldaten auf ihren Märschen oder (man befindet sich illegal auf fremdem Boden) wie ein Schmuggler mit einem Rucksack voll Armbanduhren, wie der Rote Bergsteiger mit einem voll Flugblätter. Das liegt alles plötzlich so nahe beisammen, weil es der Nebel, die Steine, das Gehen, der Rucksack zusammenhalten.

Die Steine machten größeren Felsblöcken Platz, die zum Teil schon mit Moos bewachsen waren. Später kamen die ersten Krüppelkiefern, deren nasse Nadelbüsche an die Beine schlugen. Die Krallen ihrer abgestorbenen Äste ragten in die Luft, die bloßgelegten Wurzelstränge erschwerten das Gehen. Mehr als einen Kilometer lang wand sich der Weg über diese Wurzeln abwärts. In einer Biegung lichtete sich plötzlich der Nebel und ein tiefes, von bewaldeten Hängen eingeschlossenes Tal wurde sichtbar. Die Berge auf der tschechischen Seite sind wilder, höher, fast alle durch Nadelwald verdunkelt. Dann durchbrach einen Moment lang die Sonne die Wolkendecke, huschte über die Hänge, tauchte in das Tal, spiegelte sich auf dem Dach eines tief unten liegenden Hauses und verschwand wieder. Ich ging weiter, der Weg führte jetzt bergauf. Links streckten sich große Flächen abgestorbenen Nadelwaldes; entwurzelte Bäume, umgeknickte Stämme lagen umher.

Vier, fünf Kilometer war ich gegangen, als der Weg steil abfiel und endlich in regelrechten ausgewachsenen Nadelwald eintauchte. An einer Quelle rastete ich. Ich bestätigte mir, mit wie wenig der Mensch auszukommen vermag: mit Speck, Brot und Wasser. Im Urlaub. Der Weg war danach weniger beschwerlich: keine Steine, keine Wurzeln, kein Wind mehr, der Nebel lichtete sich; steil abfallende Strecken wechselten mit leicht ansteigenden. Meine Füße waren sich ihrer Funktionstüchtigkeit bewußt und liefen, nicht aufzuhalten. Immer häufiger öffneten sich Ausblicke ins Tal, immer häufiger brach die Sonne den Himmel mittendurch. Mitunter hörte man das Kreischen von Motorsägen und nach einer Stunde Autobrummen. – Das Tal öffnete sich, die Straße und eine kleine Grenzortschaft wurden sichtbar.

Werner Herzog
Vom Gehen im Eis

Montag, 2.12.
Bösingen – Seedorf – Sulgen – Schramberg – Hohenschramberg – Gedächtnishaus – Hornberg – Gutach.

In Schramberg sah die Sache noch ordentlich aus; Gänsebraten im Gasthaus, Skatspieler. Einer, wenn er verlor, stand auf und ging erregt zwischen den Tischen herum. Aufstieg zur Burg, dort den Höhenzug entlang zum Lauterbachtal, statt unten. Schwarzwaldbauernhöfe fangen ganz ohne Warnung an, ganz ohne Warnung auch ein anderer Dialekt. Vermutlich machte ich mehrere Fehlentscheidungen hintereinander über die Route und im nachhinein besehen summierte sich das zum richtigen Kurs; das Schlimme ist, daß ich nach einer erkannten Falschentscheidung nicht den Nerv zur Umkehr habe, lieber korrigiere ich sie durch eine weitere Falschentscheidung. Aber ich folge ja sowieso einer gedachten geraden Linie, die nur nicht immer einhaltbar ist und so sind die Abweichungen nicht wirklich groß ... Der Wald tat sich auf zu einem Hochtal, dann hinter dem letzten Hof ging es steil den nassen Schnee hoch zum Gedächtnishaus, jenseits der Höhe kam ich wieder auf die Straße. Eine ältere Frau, rundlich und arm, die beim Holzsammeln ist, spricht mich an, zählt Kinder auf, wann geboren, wann gestorben. Weil sie spürt, daß ich weiter will, redet sie dreifach schnell, verkürzt ganze Schicksale, überspringt den Tod dreier

Kinder, will ihn dann aber drangehängt doch nicht unter den Tisch fallenlassen: und das in einem Dialekt, der es mir schwer macht, der Sache zu folgen. Nach dem Untergang ihrer gesamten Kindergeneration wollte sie über sich nicht mehr sagen, als daß sie Holz sammle, jeden Morgen; ich wäre lieber länger geblieben.

Auf dem Weg hinunter überholte ich hinkend einen hinkenden Mann. Die Straße geht steil nach Hornberg hinunter und ich spüre Knie und Achillessehne. Die Sehne ist beim Fersenansatz ziemlich verdickt und fühlt sich an, als stecke sie in einem Futteral. In der Dunkelheit rüttelte ich an der Türe eines erleuchteten Stalls, zwei ältere Frauen waren beim Melken, dann gibt es noch zwei Mädchen hier, zehn und fünf. Das ältere Mädchen war zunächst sehr verstört, weil sie, wie sich später herausstellte, sicher war, ich sei ein Räuber. Sie wurde dann aber zutraulich und ich mußte vom Urwald, von Schlangen und Elefanten erzählen. Sie versuchte, mir durch Fangfragen auf den Zahn zu fühlen, ob das auch wirklich wahr sei, was ich erzählte. Die Küche ist sehr ärmlich, die Verhältnisse bedrückend, aber die beiden Frauen haben mir ohne Nachdenken einen Winkel zum Übernachten gegeben. Die eine verwunderte sich, was aus Freddy geworden sei, der habe doch so schön gesungen und die Gitarre sei sein Freund gewesen. Eine kleine rabenschwarze Katze ist hier, sie hat einen kleinen weißen Fleck an der Schwanzspitze und versucht, Fliegen an der Wand zu fangen. Das ältere Mädchen hat Mengenlehre. Mein Messer gebe ich ihr über die Nacht, daß sie, falls ich doch ein Räuber sein sollte, vor mir sicher sein kann.

Das Prechtal entlang, es geht steil bergauf, kaum Autos, es ist neblig verhangen und ein ständiges Nässen in der Luft. Immer höher hinauf. Braunes Farnkraut, geknickt, klebt am Boden. Hoher Wald und tiefe, dampfende Täler. Die Wolken und der Nebel, die ziehen über einen weg. Wasser vom Schmelzen rieselt überall, ganz oben gehe ich nur noch in den Wolken, von allen Steinen tropft es. Das Auge wird immer nur von den Leerformen angezogen, den Schachteln, dem Weggeworfenen. Mit den Füßen geht es. Elzach, Anruf, soll ich umkehren?

Ich aß erst einmal eine Semmel an einem Brunnen und überlegte, ob ich umkehren muß. Dabei beobachteten mich eine Frau und ein Mädchen von hinter einer Gardine und nahmen dazu noch den Käfig des Wellensittichs als zusätzliche Deckung. Ich starrte so unverhohlen zurück, daß sie wichen. Ich kehre nicht um, ich gehe weiter. Biederbachtal, ein hübsches, leicht ansteigendes Bachtal, Wiesen, Weidenstümpfe, schöne Schwarzwaldhäuser; oberhalb von Oberprechtal gibt es eine schöne intakte Mühle mit Wasserrad, wie im Lesebuch der ersten Klasse. Ein fast neues Damenfahrrad lag in den Bach geworfen, das beschäftigte mich lange. Ein Verbrechen? Ein vorausgegangener Streit? Irgend etwas ländlich-dumpf-dramatisches hat sich da abgespielt, vermute ich. Eine rotgestrichene Bank ist vom Wasser zur Hälfte überspült. Eine Katze ist von oben auf die Laterne über der Haustüre gesprungen und sie traut sich jetzt nicht weiter, bis zum Boden ist es ihr zu tief. Sie schwankt leicht mit der Laterne im Wind. Der Sturm neulich, steht in der Zeitung, hatte auf dem Feldberg Orkangeschwindigkeiten bis 160 km in der Stunde und auf der schwäbischen Alb Spitzengeschwindigkeiten über 130 km. Jetzt ist es viel milder, wolkenverhangen, spätherbstlich, naß, überall träufelt Wasser, hängen Wolken, klebt Gras. Schweine sah ich unter Apfelbäumen, es gab kein Gras mehr, nur eine Fläche mit Schlamm und die riesigen Muttersäue hoben ganz vorsichtig einen Fuß aus dem schmatzenden Morast, setzten ihn wieder ganz sachte auf und versanken wieder bis zum Bauch. Ich saufe von Rinnsalen, die über die Wiesen daherlaufen. In Biederbach links ab, also westlich, später irgendwie über die Berge. 13 Uhr 30.

Als ich nach dem Weg frage, sagt mir ein Mann, ein fideler Bauer, ich sollte gleich mit ihm auf dem Traktor mitkommen, er führe ein Stück da hoch. Ich steige weiter im nebligen Wald bis ganz hinauf auf den Hühnersedel. Man müßte von dort ganz rundum sehen können, aber da ist oben nur theatralisches Wolkengetürm. Abstieg durch den einsamen Wald, überall umgestürzte Fichten über dem Weg, die Zweige sind tropfnaß. Unten an der Wolkengrenze auf einmal offene Wiesen, ein Tal;

die Hügel werden immer flacher und ich kann sehen, daß ich im Grunde genommen über den Schwarzwald hinweg bin. Düstere Wolken aus Westen, aber ich fühle mich köstlich, bis auf den Mund, der wieder einmal mehlig vom Durst ist. Tiefdüstere Waldeinsamkeit ist ringsum, totenstill, nur Wind regt sich. Unten im Westen ist der Himmel gelblich-orange, wie vor einem Hagelgewitter verdüstert, weiter oben neblig-grauschwarz. Auf einmal ein riesiger, roter Steinbruch, von oben sehe ich einen Krater, ganz unten drin ein Bagger im roten Wasser, nutzlos, verrostend. Daneben ein verrostender Lastwagen. Niemand, kein Mensch, beklemmende Stille. Aber unheimlich mitten in allem brennt ein Feuer mit Petroleum angezündet. Es flackert, ein Gespensterfeuer, Wind. Unten, im Orange der Ebene, sehe ich Streifen von Regen und die Vorankündigung vom Weltzusammenbruch glüht am Himmel und glimmt. Eine Eisenbahn jagt durchs Land und geht durch die Berge hindurch. Die Räder glühen. Ein Waggon gerät in Brand: Der Zug hält, man versucht zu löschen, aber der Waggon ist nicht mehr zu löschen. man entschließt sich, weiterzufahren, nur rasch weiter. Der Zug fährt an, er fährt ins finstere Weltall hinaus, geradewegs. Im Tiefschwarz des Universums glühen die Räder und glüht der eine Waggon. Unvorstellbare Sternenzusammenbrüche finden statt, ganze Welten stürzen in sich zusammen, auf einen einzigen Punkt. Licht kann nicht mehr entweichen, selbst die tiefste Schwärze müßte noch hier wie Licht wirken und die Stille wie ein Tosen. Das Weltall ist mit Nichts mehr erfüllt, es ist die gähnende, schwärzeste Leere. Milchstraßensysteme haben sich zu Un-Sternen verdichtet. Eine Glückseligkeit breitet sich aus und aus der Glückseligkeit erwächst jetzt ein Unding. Das ist die Lage. Eine dichte Wolke von Fliegen und Bremsengeschmeiß schwirrt mir um den Kopf, daß ich mit den Armen um mich schlagen muß, und dennoch folgen sie mir blutrünstig überall nach. Wie soll ich einkaufen? Man wird mich aus dem Supermarkt hinausjagen mitsamt meiner Wolke Insektengeschmeiß um meinen Kopf herum. Ein Blitz zuckt tief unter mir im schwarz-orangenen Himmel und es erschlägt ausgerechnet den Mühlenfrenzel. Dem sein einziger Freund war der Sturm-Sepp. Der Mühlenfrenzel hat jahrelang auf dem Dachboden des Hofs in einem Bretterverschlag eingesperrt zugebracht, weil die Frau vom Frenzel mit dem Sturm-Sepp unten im Haus ein Verhältnis hatte. Sie nagelten ihn mit Brettern zu und er wehrte sich nicht, denn sie brachten ihm Suppe zum Essen.

Ist die Einsamkeit gut? Ja, sie ist. Nur gibt es dramatische Blicke voraus. Das eklig Wuchernde indes versammelt sich wieder am Meer.

GRATWANDERUNGEN

Georg Büchner
Auf dem Kopfe gehen

Den 20. Jänner ging Lenz durchs Gebirg. Die Gipfel und hohen Bergflächen im Schnee, die Täler hinunter graues Gestein, grüne Flächen, Felsen und Tannen.

Es war naßkalt; das Wasser rieselte die Felsen hinunter und sprang über den Weg. Die Äste der Tannen hingen schwer herab in die feuchte Luft. Am Himmel zogen graue Wolken, aber alles so dicht – und dann dampfte der Nebel herauf und strich schwer und feucht durch das Gesträuch, so träg, so plump.

Er ging gleichgültig weiter, es lag ihm nichts am Weg, bald auf-, bald abwärts. Müdigkeit spürte er keine, nur war es ihm manchmal unangenehm, daß er nicht auf dem Kopf gehn konnte.

Anfangs drängte es ihm in der Brust, wenn das Gestein so wegsprang, der graue Wald sich unter ihm schüttelte und der Nebel die Formen bald verschlang, bald die gewaltigen Glieder halb enthüllte; es drängte in ihm, er suchte nach etwas, wie nach verlornen Träumen, aber er fand nichts. Es war ihm alles so klein, so nahe, so naß; er hätte die Erde hinter den Ofen setzen mögen. Er begriff nicht, daß er so viel Zeit brauchte, um einen Abhang hinunter zu klimmen, einen fernen Punkt zu erreichen; er meinte, er müsse alles mit ein paar Schritten ausmessen können. Nur manchmal, wenn der Sturm das Gewölk in die Täler warf und es den Wald herauf dampfte, und die Stimmen an den Felsen wach wurden, bald wie fern verhallende Donner und dann gewaltig heranbrausten, in Tönen, als wollten sie in ihrem wilden Jubel die Erde besingen, und die Wolken wie wilde, wiehernde Rosse heransprengten, und der Sonnenschein dazwischen durchging und kam und sein blitzendes Schwert an den Schneeflächen zog, so daß ein helles, blendendes Licht über die Gipfel in die Täler schnitt; oder wenn der Sturm das Gewölk abwärts trieb und einen lichtblauen See hineinriß und dann der Wind verhallte und tief unten aus den Schluchten, aus den

Wipfeln der Tannen wie ein Wiegenlied und Glockengeläute heraufsummte, und am tiefen Blau ein leises Rot hinaufklomm und kleine Wölkchen auf silbernen Flügeln durchzogen, und alle Berggipfel, scharf und fest, weit über das Land hin glänzten und blitzten – riß es ihm in der Brust, er stand, keuchend, den Leib vorwärts gebogen, Augen und Mund weit offen, er meinte, er müsse den Sturm in sich ziehen, alles in sich fassen, er dehnte sich aus und lag über der Erde, er wühlte sich in das All hinein, es war eine Lust, die ihm wehe tat; oder er stand still und legte das Haupt ins Moos und schloß die Augen halb, und dann zog es weit von ihm, die Erde wich unter ihm, sie wurde klein wie ein wandelnder Stern und tauchte sich in einen brausenden Strom, der seine klare Flut unter ihm zog. Aber es waren nur Augenblicke; und dann erhob er sich nüchtern, fest, ruhig, als wäre ein Schattenspiel vor ihm vorübergezogen – er wußte von nichts mehr.

Gegen Abend kam er auf die Höhe des Gebirgs, auf das Schneefeld, von wo man wieder hinabstieg in die Ebene nach Westen. Er setzte sich oben nieder. Es war gegen Abend ruhiger geworden; das Gewölk lag fest und unbeweglich am Himmel; soweit der Blick reichte, nichts als Gipfel, von denen sich breite Flächen hinabzogen, und alles so still, grau, dämmernd. Es wurde ihm entsetzlich einsam; er war allein, ganz allein. Er wollte mit sich sprechen, aber er konnte nicht, er wagte kaum zu atmen; das Biegen seines Fußes tönte wie Donner unter ihm, er mußte sich niedersetzen. Es faßte ihn eine namenlose Angst in diesem Nichts: er war im Leeren! Er riß sich auf und flog den Abhang hinunter.

Es war finster geworden, Himmel und Erde verschmolzen in eins. Es war, als ginge ihm was nach und als müsse ihn was Entsetzliches erreichen, etwas, das Menschen nicht ertragen können, als jage der Wahnsinn auf Rossen hinter ihm.

Endlich hörte er Stimmen; er sah Lichter, es wurde ihm leichter. Man sagte ihm, er hätte noch eine halbe Stunde nach Waldbach.

Er ging durch das Dorf. Die Lichter schienen durch die

Fenster, er sah hinein im Vorbeigehen: Kinder am Tische, alte Weiber, Mädchen, alles ruhige, stille Gesichter. Es war ihm, als müsse das Licht von ihnen ausstrahlen; es ward im leicht, er war bald in Waldbach im Pfarrhause.

Jean-Jacques Rousseau
Eine Seelenlandschaft

Welche seltsame, unbegreifliche Wirkung! Seitdem ich Ihnen wieder näher bin, hege ich in meinem Geiste keine andern als ängstliche Gedanken. Vielleicht, daß mein Aufenthalt etwas zu dieser Schwermut beiträgt; traurig und fürchterlich ist er; um so besser entspricht er meiner Seele Zustand; einen angenehmern würde ich nicht so geduldig bewohnen. Eine Reihe kahler Felsen säumt das Ufer und umringt meine Behausung, die der Winter noch schrecklicher macht. Ach! Ich fühle es, meine Julie, müßte ich Sie lassen, so gäbe es für mich keinen andern Aufenthalt, keine andre Jahreszeit mehr.

Bei den heftigen, mich beunruhigenden Leidenschaften kann ich nicht auf einer Stelle bleiben; ich laufe, klettre begierig hinauf und springe auf die Felsen; mit großen Schritten durchwandre ich alle Gegenden und finde überall in den Gegenständen den Schrecken, der in mir herrscht. Man erblickt kein Grün mehr, das Gras ist gelb und verwelkt, die Bäume sind entlaubt, der Nordostwind und der kalte Wind aus Nord häufen Schnee und Eis, und die ganze Natur ist vor meinen Augen, wie die Hoffnung in meinem Herzen, tot.

Marcel Proust
Erinnerte Landschaften

Daher bleiben die beiden Spaziergänge, der nach Méséglise und der nach der Seite von Guermantes, für mich mit vielen kleinen Etappen desjenigen von den vielen verschiedenen Leben, die wir nebeneinander führen, verknüpft, das die meisten Peripetien mit sich bringt und am episodenreichsten ist, nämlich dem geistigen Leben. Zweifellos schreitet es in uns nur ganz unmerklich fort, und die Wahrheiten, die für uns seinen Sinn und die Vorstellung, die wir von ihm haben, abgewandelt und uns neue Wege gewiesen haben, sind von uns in ihren Anfängen schon lange zuvor entdeckt, doch merkten wir es nicht; in unserm Bewußtsein datieren sie erst von dem Tage, von der Minute an, da sie uns sichtbar geworden sind. Die Blumen, die damals auf dem Grase spielten, das Wasser, das hinfloß im Sonnenschein, die ganze Landschaft, die ihr Erscheinen umrahmte, begleiten auch die Erinnerung daran mit ihrem seiner selbst nicht bewußten, gedankenlosen Gesicht; und gewiß, wenn sie lange betrachtet wurden von dem bescheidenen Wanderer, von dem seinen Träumen nachhängenden Kind – so wie ein König von einem in der Menge verlorenen Chronisten unbemerkt begleitet wird – hat dies Eckchen hier der Natur, jener Gartenwinkel dort nicht geahnt, daß sie es ihm zu danken haben, wenn sie dazu berufen sind, in ihren flüchtigsten Eigentümlichkeiten die Zeiten zu überdauern: und doch hat meine gesteigerte Aufnahmebereitschaft damals den Duft des Weißdorns, der über den Hecken schwebte, wo die Heiderosen ihn bald schon ablösen würden, das gedämpfte Geräusch von Schritten auf dem Kies einer Gartenallee, eine Blase, die das Wasser des Flusses am Stengel einer Seerose nach oben steigen und zerplatzen ließ, durch so viele aufeinanderfolgende Jahre hindurch mit sich weitergetragen, während ringsum die Wege verschwunden und die Menschen gestorben sind, die darauf wandelten. Manchmal löst sich ein Stück Landschaft, das ich bis auf den heutigen Tag lebendig erhalten habe, so völlig von allem übrigen ab, daß es ganz für sich und unbestimmbar in meinen Gedanken umherschwimmt wie ein blühendes Delos, ohne daß ich sagen kann, aus welcher Gegend, aus welcher Zeit – vielleicht aus welchem Traum auch einfach nur – es stammt. Aber wie an tiefe Schichtungen meines geistigen Heimatbodens, wie an festgegründete Bezirke, auf denen ich noch heute sicher schreiten kann, denke ich besonders an die beiden Wege nach Méséglise zu und nach Guermantes zurück. Weil ich an Dinge und Wesen noch geglaubt, während ich jene Gegenden durchschritt, sind die Dinge und Wesen, die ich in ihnen kennenlernte, die einzigen, die ich heute noch ernst nehmen kann und die mir Freude schenken. Ob nun der schöpferische Glaube in mir versiegt ist oder die Wirklichkeit sich nur aus der Erinnerung formt, jedenfalls kommen mir Blumen, die man mir heute zeigt, nicht mehr wie richtige Blumen vor. Die Gegend nach Méséglise zu mit ihren Fliederbüschen, den Weißdornhecken, den Kornblumen und dem Mohn, den Apfelbäumen, die Gegend von Guermantes mit dem Fluß, mit Kaulquappen, Seerosen und dem Hahnenfuß haben für alle Zeiten das Antlitz des Landes geprägt, in dem ich leben, Kahn fahren, Ruinen mittelalterlicher Befestigungen ansehen und mitten im Getreidefeld, so wie in Saint-André-des-Champs, eine wuchtige, ländliche Kirche antreffen möchte, die den goldenen Schimmer von reifen Garben hat; und die Kornblumen, der Weißdorn, die Apfelbäume, die ich zufällig, wenn ich reise, auf den Feldern sehe, knüpfen, weil sie auf der gleichen Höhe oder Tiefe mit meiner Vergangenheit gelegen sind, sofort mit meinem Herzen eine Verbindung an. Und doch, da ja auch die Stätten Individuen sind, würde es nicht genügen, wenn ich den Wunsch verspürte, die Gegend von Guermantes wiederzusehen, daß man mich an das Ufer eines Flusses führte, wo es ebenso schöne, ja schönere Seerosen gibt als auf der Vivonne, ebensowenig wie ich mir beim Nachhausekommen – zu der Stunde, wo in mir jene Angst aufstieg, die später in die Liebe übergeht und von ihr unzertrennlich werden kann – jemals gewünscht hätte, eine schönere und klügere Mutter als die meinige wäre gekommen, mir gute Nacht zu sagen. Nein; wie das, was ich brauchte, um glücklich einzuschlafen, in jenem ungetrübten Frieden – den seither keine Geliebte mir zu schenken vermochte, weil man an ihr noch zweifelt im Augenblick, da man an sie glaubt, und weil man ihr Herz niemals so besitzt, ungeteilt, ohne Vorbehalt oder Hintergedanken, ohne den Bodensatz einer Absicht, die nicht für einen bestimmt ist, wie ich in einem Kuß das meiner Mutter geschenkt bekam – eben sie selber war, ihr Antlitz, das sich mir entgegenneigte und in dem unter dem Auge etwas sichtbar war, was ich, obwohl es als ein Schönheitsfehler galt, genauso liebte wie alles übrige, ist auch das, was ich wiedersehen will, die wirkliche Gegend von Guermantes, die ich gekannt habe, mit dem Bauernhof, der von den beiden anderen dicht beieinander gelegenen etwas abseits steht am Eingang der Eichenallee; jene Wiesengründe, auf denen, wenn in der Sonne die Dinge sich darin zu spiegeln scheinen wie in einem Teich, die Blätter der Apfelbäume sich abzeichnen, die Landschaft, deren ganz persönliche Art mich manchmal des Nachts in meinen Träumen phantastisch machtvoll umfängt und die ich doch beim Erwachen nicht wiederfinden kann. Durch die Tatsache, daß sie in mir verschiedene Eindrücke unauflöslich miteinander verknüpft haben, weil ich sie in ihnen zu gleicher Zeit erlebte, haben mich die Gegend von Méséglise und die von Guermantes in der Zukunft vielen Enttäuschungen ausgesetzt und tragen an manchem meiner Fehler die Schuld. Denn oft habe ich einen Menschen wiedersehen wollen, ohne mir darüber klar zu sein, daß es nur deswegen war, weil er mich an eine Weißdornhecke erinnerte, und bin durch ein bloßes Reisebedürfnis verleitet worden, an einen Nachsommer der Liebe zu glauben und andere daran glauben zu machen. Aber gerade dadurch und durch ihre Kraft, in solchen meiner heutigen Eindrücke gegenwärtig zu bleiben, mit denen jene Gegenden eine Verbindung eingehen können, geben sie diesen einen festeren Untergrund, eine größere Tiefe, eine weitere Dimension, als alle anderen haben. Sie fügen ihnen einen Zauber und eine Bedeutung hinzu, die nur für mich spürbar sind.

Wenn an Sommerabenden der scheinbar friedliche Himmel grollt wie ein Tier in der Wüste, und alle anderen dem nahen Gewitter gram sind, fühle ich mich ganz allein auf dem Wege nach Méséglise und atme voller Entzücken beim Geräusch des fallenden Regens den Duft von unsichtbaren, nie welkenden Fliederbüschen ein.

Robert Walser
Spaziergang in einer glücklichen Menschenseele

Ohne mich nach dem Phantom, nach dem bedauernswürdigen Koloß und Übermenschen weiter umzusehen, wozu ich wahrhaftig nicht die geringste Lust hatte, ging ich weiter und gelangte bald nachher, so in der weichen, warmen Luft ruhig weiterschreitend und den trüben Eindruck verwindend, den die fremdartige Mannes- oder vielmehr Riesengestalt auf mich gemacht hatte, in einen Tannenwald, durch den sich ein gleichsam lächelnder, schelmisch anmutiger Weg schlängelte, den ich mit Vergnügen verfolgte. Weg und Waldboden waren wie ein Teppich, und hier im Waldinnern war es still wie in einer glücklichen Menschenseele, wie in einem Tempelinnern, wie in einem Palast und verzauberten und verträumten Märchenschlosse, wie im Dornröschenschloß, wo alles schläft und schweigt seit Hunderten von langen Jahren. Tiefer drang ich hinein, und ich rede vielleicht ein wenig schön, wenn ich sage, daß ich mir wie ein Prinz mit goldenem Haar und den Körper bedeckt mit einer kriegerischen Rüstung erschien. Es war so feierlich im Wald, daß schöne und feierliche Einbildungen ganz von selber sich des empfindlichen Spaziergängers bemächtigten. Wie war ich über die süße Waldesstille und Ruhe glücklich! Von Zeit zu Zeit drang von außen her einiger schwacher Lärm in die liebliche Abgeschiedenheit und reizende Dunkelheit hinein, etwa ein Schlag, ein Pfiff oder sonst ein Geräusch, dessen ferner Schall die herrschende Geräuschlosigkeit nur noch erhöhte, die ich recht nach Herzenslust einatmete und deren Wirkung ich förmlich trank und schlürfte. Da und dort in all der Schweigsamkeit und in all der Stille ließ ein Vogel aus dem liebreizenden und heiligen Verborgenen heraus seine heitere Stimme vernehmen. Ich stand so und horchte, und plötzlich befiel mich ein unsagbares Weltempfinden und ein damit verbundenes, gewaltsam aus der Seele hervorbrechendes Dankbarkeitsgefühl. Die Tannen standen kerzengerade wie Säulen da, und nicht das geringste rührte sich im weiten zarten Walde, den allerlei unhörbare Stimmen zu durchklingen und zu durchhallen schienen. Töne aus der Vorwelt kamen, von ich weiß nicht woher, an mein Ohr. ›Oh, so will denn auch ich gerne, wenn es sein soll, zu Ende gehen und sterben. Eine Erinnerung wird mich dann noch im Grabe beglücken, und eine Dankbarkeit wird mich im Tode beleben; ein Danksagen für die Genüsse, für die Freude, für das Entzücken; ein Danksagen für das Leben und eine Freude über die Freude.‹ Leises hohes Rauschen ließ sich, von oben aus den Tannwipfeln herabsäuselnd, vernehmen. ›Hier müßte Lieben und Küssen göttlich schön sein‹, sagte ich mir. Die bloßen Schritte auf dem angenehmen Boden wurden zum Genuß, und die Ruhe zündete in der fühlenden Seele Gebete an. ›Hier tot zu sein und in der kühlen Walderde unauffällig begraben zu liegen, müßte süß sein. Ach, daß man den Tod im Tode fühlen und genießen dürfte! Vielleicht ist es so. Im Walde ein ruhiges, kleines Grab zu haben, wäre schön. Vielleicht würde ich das Singen der Vögel und das Waldrauschen über mir hören. Ich wünschte mir das.‹ Herrlich fiel eine Sonnenstrahlen-Säule zwischen Eichenstämmen in den Wald herab, der mir wie ein liebes, grünes Grab erschien. Bald trat ich wieder ins helle Freie hinaus und ins Leben.

Thomas Mann
Jenseits von Raum und Zeit

Es gibt auf Erden eine Lebenslage, gibt landschaftliche Umstände (wenn man von »Landschaft« sprechen darf in dem uns vorschwebenden Falle), unter denen eine solche Verwirrung und Verwischung der zeitlich-räumlichen Distanzen bis zur schwindligen Einerleiheit gewissermaßen von Natur und Rechts wegen statthat, so daß denn ein Untertauchen in ihrem Zauber für Ferienstunden allenfalls als statthaft gelten möge. Wir meinen den Spaziergang am Meeresstrande, – ein Sichbefinden, dessen Hans Castorp nie ohne größte Zuneigung gedachte, – wie wir ja wissen, daß er sich durch das Leben im Schnee an heimatliche Dünengefilde gern und dankbar erinnern ließ. Wir vertrauen, daß auch Erfahrung und Erinnerung des Lesers uns nicht im Stiche lassen werden, wenn wir auf diese wundersame Verlorenheit Bezug nehmen. Du gehst und gehst ... du wirst von solchem Gange niemals zu rechter Zeit nach Hause zurückkehren, denn du bist der Zeit und sie ist dir abhanden gekommen. O Meer, wir sitzen erzählend fern von dir, wir wenden dir unsere Gedanken, unsre Liebe zu, ausdrücklich und laut anrufungsweise sollst du in unserer Erzählung gegenwärtig sein, wie du es im stillen immer warst und bist und sein wirst ... Sausende Öde, blaß hellgrau überspannt, voll herber Feuchte, von der ein Salzgeschmack auf unseren Lippen haftet. Wir gehen, gehen auf leicht federndem, mit Tang und kleinen Muscheln bestreuten Grunde, die Ohren eingehüllt vom Wind, von diesem großen, weiten und milden Winde, der frei und ungehemmt und ohne Tücke den Raum durchfährt und eine sanfte Betäubung in unserem Kopfe erzeugt, – wir wandern, wandern und sehen die Schaumzungen der vorgetriebenen und wieder rückwärts wallenden See nach unseren Füßen lecken. Die Brandung siedet, hell-dumpf aufprallend rauscht Welle auf Welle seidig auf den flachen Strand, – so dort wie hier und an den Bänken draußen, und dieses wirre und allgemeine, sanft brausende Getöse sperrt unser Ohr für jede

Stimme der Welt. Tiefes Genügen, wissentlich Vergessen ... Schließen wir doch die Augen, geborgen von Ewigkeit! Nein, sieh dort in der schaumig grau-grünen Weite, die sich in ungeheuren Verkürzungen zum Horizont verliert, dort steht ein Segel. Dort? Was ist das für ein Dort? Wie weit? Wie nah? Das weißt du nicht. Auf schwindelige Weise entzieht es sich deinem Urteil. Um zu sagen, wie weit dies Schiff vom Ufer entfernt ist, müßtest du wissen, wie groß es an sich selber als Körper ist. Klein und nahe oder groß und fern? In Unwissenheit bricht sich dein Blick, denn aus dir selber sagt kein Organ und Sinn dir über den Raum Bescheid ... Wir gehen, gehen, – wie lange schon? Wie weit? Das steht dahin. Nichts ändert sich bei unserem Schritt, dort ist wie hier, vorhin wie jetzt und dann; in ungemessener Monotonie des Raumes ertrinkt die Zeit, Bewegung von Punkt zu Punkt ist keine Bewegung mehr, wenn Einerleiheit regiert, und wo Bewegung nicht mehr Bewegung ist, ist keine Zeit.

Peter Handke
Auf unsichtbaren Wegen

Bei Tagesanbruch ließ der Regen nach, und ich machte mich an den Abstieg hinunter in das noch verborgene Isonzotal. Es gab keinen sichtbaren Weg, aber ich würde mir einen bahnen. Ich entdeckte an mir tatsächlich jene Leichtfüßigkeit aus der väterlichen Gipfelrede; ein gleichmäßiges rasches Springen von einem Felsblock zum andern, ohne ein Stocken oder Absetzen. Ich empfand sogar ein Vergnügen dabei, das noch zunahm, als ich an einer Stelle zum Kletterer werden mußte: Da war ich nun auf allen vieren, Vater, doch aufrecht, und spürte einen gemeinsamen Zug zwischen Fingerspitzen und Fußballen, wie bei den körperlichen Arbeiten, die du mir angeschafft hast, nie! Den Fuß der kleinen Wand erreichte ich belebt, wie in die Sonne getaucht, die dann auch wirklich erschien.

Ich war nun an der südseitigen Baumgrenze und hatte eine zwar weite, doch geruhsame Wanderung vor mir. Im Weitergehen ergriff den Wanderer freilich etwas anderes als die Angst vor dem Gewitter, dem wilden Tier oder dem Absturz. Der Lehrer, von seinen Alleinexpeditionen als junger Erdkundler erzählend, sagte, er habe sich da immer erst frei gefühlt, sowie »die letzten Jägerzeichen« hinter ihm geblieben seien: Ich dagegen, weitab von jeder Siedlung, in einem Gebiet, wo, fast mit Gewißheit, außer mir lang niemand hingeriete (man wußte ja auch nicht, daß ich hier war), bekam es nun zu tun mit Bangigkeit, der Angst vor einem Monstrum –; welches ich selber war. Verschwunden jeder Anhaltspunkt einer Welt: an ihrer Stelle die Fahlheit, durch welche, gehetzt vom jäh aufgeschossenen Bluthund im Innern, blindlings das Ungeheuer mit Namen »Allein« irrte. Und wieder der Ruck, der zugleich die Besinnung war. Mußte ich ihn mir selber geben, oder geschah er? Er geschah, und der ihn dem Irrenden gab, das war ich.

GEDANKEN-GÄNGE

Heinrich von Kleist
Von der Natur lernen

Mir leuchtet es immer mehr und mehr ein, daß die Bücher schlechte Sittenlehrer sind. Was wahr ist, sagen sie uns wohl, auch wohl, was *gut* ist, aber es dringt in die Seele nicht ein. Einen Lehrer gibt es, der ist vortrefflich, wenn wir ihn verstehen; es ist *die Natur.*

Ich will Dir das nicht durch ein langes Geschwätz beweisen, sondern lieber durch Beispiele zeigen, die wohl immer, besonders bei Weibern, die beste Wirkung tun möchten.

Ich ging an jenem Abend vor dem wichtigsten Tage meines Lebens in Würzburg spazieren. Als die Sonne herabsank war es mir als ob mein Glück unterginge. Mich schauerte wenn ich dachte, daß ich vielleicht *von allem* scheiden müßte, von allem, was mir teuer ist.

Da ging ich, in mich gekehrt, durch das gewölbte Tor, sinnend zurück in die Stadt. Warum, dachte ich, sinkt wohl das Gewölbe nicht ein, da es doch *keine* Stütze hat? Es steht, antwortete ich, *weil alle Steine auf einmal einstürzen wollen* – und ich zog aus diesem Gedanken einen unbeschreiblich erquickenden Trost, der mir bis zu dem entscheidenden Augenblicke immer mit der Hoffnung zur Seite stand, daß auch ich mich halten würde, wenn alles mich sinken läßt.

Das, mein liebes Minchen, würde mir kein Buch gesagt haben, und das nenne ich recht eigentlich *lernen von der Natur.*

Johann Gottfried Seume
Im Gehen geht es besser

Dießmal habe ich nur den kleinsten Theil zu Fuße gemacht; ungefähr nur hundert und funfzig Meilen. Lieber wäre es mir und besser gewesen, wenn meine Zeit mir erlaubt hätte, das Ganze abzuwandeln. Wer geht, sieht im Durchschnitt anthropologisch und kosmisch mehr, als wer fährt. Ueberfeine und unfeine Leute mögen ihre Glossemen darüber machen nach Belieben; es ist mir ziemlich gleichgültig. Ich halte den Gang für das Ehrenvolleste und Selbstständigste in dem Manne, und ich bin der Meinung, daß alles besser gehen würde, wenn man mehr ginge. Man kann fast überall bloß deßwegen nicht recht auf die Beine kommen und auf den Beinen bleiben, weil man zu viel fährt. Wer zuviel in dem Wagen sitzt, mit dem kann es nicht ordentlich gehen. Das Gefühl dieser Wahrheit scheint unaustilgbar zu seyn. (...)

Wo alles zu viel fährt, geht alles sehr schlecht: man sehe sich nur um! So wie man im Wagen sitzt, hat man sich sogleich einige Grade von der ursprünglichen Humanität entfernt. Man kann niemand mehr fest und rein ins Angesicht sehen, wie man soll: man thut nothwendig zu viel, oder zu wenig. Fahren zeigt Ohnmacht, Gehen Kraft. Schon deßwegen wünschte ich nur selten zu fahren, und weil ich aus dem Wagen keinem Armen so bequem und freundlich einen Groschen geben kann. Wenn ich nicht mehr zuweilen einem Armen einen Groschen geben kann, so lasse mich das Schicksal nicht lange mehr leben!

Edgar Allan Poe
Auf der Spur der Gedanken

Es gibt wenige Menschen, die nicht zu irgendeinem Zeitpunkt ihres Lebens daran Vergnügen gefunden haben, die Schritte zurückzuverfolgen, auf denen ihr Geist zu besonderen Schlüssen gelangt war. Die Beschäftigung ist oftmals voller Interesse; und wer sich zum erstenmal an ihr versucht, ist wohl erstaunt über die anscheinend grenzenlose Entfernung und Unzusammenhänglichkeit zwischen dem Ausgangspunkte und dem Ziel. Wie groß denn mußte meine Verwunderung sein, da ich den Franzosen jene Sätze sprechen hörte, die ich soeben vernommen, und nicht umhin konnte anzuerkennen, daß er die Wahrheit getroffen habe. Er fuhr fort:

»Wir hatten ein Gespräch über Pferde, wenn ich mich recht entsinne, just ehe wir die Rue C----- verließen. Dies war der letzte Gegenstand, den wir erörterten. Als wir in diese Straße einbogen, warf ein Obsthändler, welcher mit einem großen Korbe auf dem Kopf eilig hinter uns anstürmte, Sie auf einen Haufen Pflastersteine, die an einem Fleck gesammelt lagen, wo der Straßendamm eine Ausbesserung erfährt. Sie traten auf einen der losen Brocken, strauchelten, verstauchten sich leicht den Knöchel, machten ein ungehaltenes oder verdrießliches Gesicht, murmelten ein paar Worte vor sich hin, wandten sich zu einem Blick auf den Haufen um und schritten dann schweigend weiter. Ich widmete Ihrem Tun keine sonderliche Aufmerksamkeit; doch ist Beobachten letzterzeit bei mir so etwas wie eine Notwendigkeit geworden.

»Sie hielten den Blick zu Boden gerichtet – musterten, mit einem Ausdruck des Unmuts, die Löcher und Geleise im Pflaster (so daß ich sah, Sie waren in Gedanken immer noch bei den Steinen), bis wir das kleine, Lamartine genannte Gäßchen erreichten, welches versuchsweise eine Reihenpflasterung aus fest eingefügten Blöcken erhalten hatte. Hier erhellte sich Ihre Miene, und indem ich eine Bewegung Ihrer Lippen bemerkte, konnte ich nicht zweifeln, daß Sie das Wort ›Stereotomie‹ murmelten, einen besonderes gern auf diese Art Pflasterung angewendeten Ausdruck. Ich wußte aber, daß Sie das Wort ›Stereotomie‹ nicht vor sich hin sprechen konnten, ohne auf den Gedanken an Atome gebracht zu werden und mithin auf die Theorien Epikurs; und da ich Ihnen, als wir unlängst diesen Gegenstand erörterten, die Erwähnung tat, wie einzigartig doch, ob schon mit geringem Aufsehen, die unsichern Mutmaßungen jenes ausgezeichneten Griechen in der neuern Nebel-Kosmogonie ihre Bekräftigung getroffen hätten, fühlte ich, daß Sie nun ganz unvermeidlich den Blick empor zur großen *nebula* im Orion richten mußten, und erwartete mit Sicherheit, daß Sie es tun würden. Sie blickten in der Tat auch auf; und nun hatte ich die Bestätigung, daß ich Ihren Gedanken-Schritten korrekt gefolgt war. Aber in jener bitterlichen *tirade* auf Chantilly, die im gestrigen ›Musée‹ erschien, zitierte der Spötter gelegentlich einiger hämischer Anspielungen auf des Schuhmachers Namenswechsel beim Besteigen des Kothurns eine lateinische Verszeile, über die wir uns oft unterhielten. Ich meine den Satz

Perdidit antiquum littera prima sonum.

Ich hatte Ihnen mitgeteilt, daß dies sich auf Orion bezöge, früher Urion geschrieben; und von gewissen, mit dieser Erklärung verbundnen Spitzigkeiten nahm ich die Überzeugung, daß Sie es nicht vergessen haben konnten. Es war daher klar: Sie mußten die beiden Gedanken Orion und Chantilly in Verbindung bringen. Daß Sie das wirklich taten, ersah ich aus der Art des Lächelns, das über Ihre Lippen glitt. Sie dachten an des armen Schusters Abschlachtung. Bis dahin waren Sie in leicht gebeugter Haltung geschritten; nun jedoch sah ich Sie sich zu voller Höhe aufrichten. Da war ich gewiß, daß Ihre Gedanken bei der dürftigen Gestalt Chantillys weilten. An diesem Punkt unterbrach ich Ihre Überlegungen mit dem Bemerken, wie er doch in der Tat ein sehr kleiner Kerl wäre – jener Chantilly – und daß er besser für das Théatre des Variétés geeignet sei.«

Søren Kierkegaard
Ich habe mir die besten Gedanken angelaufen

Doch genug hiervon. Es hat mir leid getan, daß ich von Ihnen nicht Abschied nehmen konnte, ich hoffe, daß dieser kleine Brief, mit dem ich Abschied nehme, Sie ebenso wohl antreffen werde, wie ich Sie bei meiner Ankunft gefunden. *Verlieren Sie vor allem nicht die Lust dazu zu gehen: ich laufe mir jeden Tag das tägliche Wohlbefinden an, und entlaufe so jeder Krankheit; ich habe mir meine besten Gedanken angelaufen, und ich kenne keinen Gedanken, der so schwer wäre, daß man ihn nicht beim Gehen los würde.* Sogar wenn man in der Art hinter seiner Gesundheit herginge, daß sie ständig eine Station voraus wäre – *ich würde dennoch sagen: Gehen!* Es ist ja auch klar am Tage, daß man durch Gehen dem Wohlbefinden so nahe kommt, wie es einem möglich ist, selbst wenn man es nicht ganz erreicht, – *beim Stillsitzen aber, und je mehr man stillsitzt, kommt einem das Übelbefinden nur umso näher.* Allein in Bewegung ist die Gesundheit und das Heil zu finden. Leugnet jemand, daß es die Bewegung gibt: so tue ich wie Diogenes, so gehe ich. Leugnet jemand, daß die Gesundheit in der Bewegung liegt, so gehe ich allen krankhaften Einwänden davon. *Bleibt man so am Gehen, so geht es schon.* Und draußen auf dem Lande haben Sie ja alle Vorteile; Sie sind nicht dem ausgesetzt, daß Sie angehalten werden, ehe denn Sie glücklich und wohl zum Stadttore hinaus sind, Sie sind auch dem nicht ausgesetzt, daß Sie auf dem Heimwege abgefaßt werden. Ich erinnere mich eben, wie es mir vor einiger Zeit gegangen ist, und so ist es mir öfters gegangen. Ich war an die anderthalb Stunden spazieren gegangen, hatte viel zu denken gehabt und war vermöge der Bewegung mir selbst ein äußerst angenehmer Mensch geworden. Welch ein Glück, und Sie können sich wohl denken, welch eine Sorglichkeit, um womöglich mein Glück nach Hause zu retten. Ich gehe also mit eilendem Schritt, stehle mich sozusagen mit niedergeschlagenem Auge durch die Straßen; im Vertrauen darauf, daß ich das Vortrittsrecht habe, rechne ich darauf, daß ich es überhaupt nicht nötig habe, mich vorzusehn (wobei man doch so leicht abgefangen wird, eben wenn man sich vorsieht – um zu entwischen) und renne also mit meinem Glücke auf dem Bürgersteige (denn das Verbot, auf dem Bürgersteig etwas zu tragen, erstreckt sich nicht auf Glückhaftes, das einen leichter macht) – geradenwegs gegen einen Mann, der stets an Übelbefinden leidet, und darum mit niedergeschlagenem Auge, auf sein Übelbefinden trotzend, noch nicht einmal, wenn er nicht das Vortrittsrecht hat, es nötig zu haben meint, sich vorzusehn. Ich war angehalten. Es war ein recht vornehmer Mann, der mich nunmehr mit einer Unterhaltung beehrte. So war denn alles verloren. Nach beendeter Unterhaltung war da für mich nur eines zu tun: statt nach Hause zu gehn, von neuem loszugehn.

Friedrich Nietzsche
Empfindung auf dem Lande

Wenn man nicht feste, ruhige Linien am Horizonte seines Lebens hat, Gebirgs- und Waldlinien gleichsam, so wird der innerste Wille des Menschen selber unruhig, zerstreut und begehrlich wie das Wesen des Städters: er hat kein Glück und gibt kein Glück.

Robert Walser
Scheinbarer Müssiggang

Der Herr Vorsteher oder Herr Taxator sagte: »Man sieht Sie aber immer spazieren!«

»Spazieren«, gab ich zur Antwort, »muß ich unbedingt, um mich zu beleben und um die Verbindung mit der lebendigen Welt aufrechtzuerhalten, ohne deren Empfinden ich keinen halben Buchstaben mehr schreiben und nicht das leiseste Gedicht in Vers oder Prosa mehr hervorbringen könnte. Ohne Spazieren wäre ich tot, und mein Beruf, den ich leidenschaftlich liebe, wäre vernichtet. Ohne Spazieren und Berichtauffangen könnte ich auch keinen Bericht mehr abstatten und nicht den winzigsten Aufsatz mehr, geschweige denn eine ganze lange Novelle verfassen. Ohne Spazieren würde ich ja gar keine Beobachtungen und gar keine Studien machen können. Ein so gescheiter und aufgeweckter Mann wie Sie darf und wird das augenblicklich begreifen. Auf einem schönen und weitschweifigen Spaziergang fallen mir tausend brauchbare, nützliche Gedanken ein. Zu Hause eingeschlossen, würde ich elendiglich verkommen und verdorren. Spazieren ist für mich nicht nur gesund und schön, sondern auch dienlich und nützlich. Ein Spaziergang fördert mich beruflich und macht mir zugleich auch noch persönlich Spaß und Freude; er erquickt und tröstet und freut mich, ist mir ein Genuß und hat gleichzeitig die Eigenschaft, daß er mich zu weiterem Schaffen reizt und ansporNt, indem er mir zahlreiche kleine und große Gegenständlichkeiten als Stoff darbietet, den ich später zu Hause emsig und eifrig bearbeite. Ein Spaziergang ist immer voll sehenswerter und fühlenswerter bedeutender Erscheinungen. Von Gebilden und lebendigen Gedichten, von Zaubereien und Naturschönheiten wimmelt es auf netten Spaziergängen meistens, und seien sie noch so klein. Naturkunde und Landeskunde öffnen sich reizvoll und anmutsvoll vor den Sinnen und Augen des aufmerksamen Spaziergängers, der freilich nicht mit niedergeschlagenen, sondern mit offenen und ungetrübten Augen spazieren muß, wenn ihm der schöne Sinn und der heitere, edle Gedanke des Spazierganges aufgehen sollen. Bedenken Sie, wie der Dichter verarmen und kläglich scheitern muß, wenn nicht die mütterliche und väterliche und kindlich schöne Natur ihn immer wieder von neuem mit dem Quell des Guten und Schönen erfrischt! Bedenken Sie, wie für den Dichter der Unterricht und die heilige, goldene Belehrung, die er draußen im spielenden Freien schöpft, immer wieder von der größten Bedeutung sind! Ohne Spazieren und damit verbundene Naturanschauung, ohne diese ebenso liebliche wie ermahnungsreiche Erkundigung fühle ich mich wie verloren und bin es auch. Höchst liebevoll und aufmerksam muß der, der spaziert, jedes kleinste lebendige Ding, sei es ein Kind, ein Hund, eine Mücke, ein Schmetterling, ein Spatz, ein Wurm, eine Blume, ein Mann, ein Haus, ein Baum, eine Hecke, eine Schnecke, eine Maus, eine Wolke, ein Berg, ein Blatt oder auch nur ein armes, weggeworfenes Fetzchen Schreibpapier, auf das vielleicht ein liebes, gutes Schulkind seine ersten ungefügen Buchstaben geschrieben hat, studieren und betrachten. Die höchsten und niedrigsten, die ernstesten und lustigsten Dinge sind ihm gleicherweise lieb und schön und wert. Keinerlei empfindsamliche Eigenliebe und Leichtverletzlichkeit darf er mit sich tragen. Uneigennützig und unegoistisch muß er seinen sorgsamen Blick überallhin schweifen und herumstreifen lassen; ganz nur im Anschauen und Merken der Dinge muß er stets fähig sein aufzugehen, und sich selber, seine eigenen Klagen, Bedürfnisse, Mängel, Entbehrungen hat er, gleich dem wackeren, dienstbereiten und aufopferungsfreudigen, erprobten Feldsoldaten, hintanzustellen, geringzuachten und zu vergessen. Im andern Fall spaziert er nur mit halber Aufmerksamkeit und mit halbem Geist, und das ist nichts wert. Er muß jederzeit des Mitleides, des Mitempfindens und der Begeisterung fähig sein, und er ist es hoffentlich. Er muß in den hohen Enthusiasmus hinaufzudringen und sich in die tiefste und kleinste Alltäglichkeit herunterzusenken und zu neigen vermögen, und er kann es vermutlich. Treues, hingebungsvolles Aufgehen und Sichverlieren in die Gegenstände und eifrige Liebe zu allen Erscheinungen und Dingen machen ihn aber dafür glücklich, wie jede Pflichterfüllung den Pflichtbewußten stets glücklich und reich im Innersten macht. Geist, Hingabe und Treue beseligen ihn und heben ihn hoch über seine eigene unscheinbare Spaziergängerperson hinaus, die nur zu oft im Geruch und schlechten Rufe des Vagabundierens und unnützen Herumstreichens steht. Seine mannigfaltigen Studien bereichern und belustigen, besänftigen und veredeln ihn und streifen mitunter, so unwahrscheinlich das auch klingen mag, hart an exakte Wissenschaft, die dem scheinbar leichtfertigen Bummler niemand zutraut. Wissen Sie, daß ich hartnäckig und zäh im Kopfe arbeite und oft im besten Sinne tätig bin, wo es den Anschein hat, als ob ich ein gedankenlos und arbeitslos im Blauen oder im Grünen mich verlierender, saumseliger, träumerischer und träger, schlechtesten Eindruck machender Erztagedieb und leichtfertiger Mensch ohne Verantwortung sei? Geheimnisvoll und heimlich schleichen dem Spaziergänger allerlei schöne, feinsinnige Spaziergangsgedanken nach, derart, daß er mitten im fleißigen, achtsamen Gehen innehalten, stillstehen und horchen muß, daß er über und über von seltsamen Eindrücken und bezaubernder Geistergewalt benommen und betreten ist und er das Gefühl hat, als müsse er plötzlich in die Erde hinabsinken oder als öffne sich vor seinen geblendeten, verwirrten Denker- und Dichteraugen ein Abgrund. Der Kopf will ihm abfallen, und die sonst so lebendigen Arme und Beine sind ihm wie erstarrt. Land und Leute, Töne und Farben, Gesichter und Gestalten, Wolken und Sonnenschein drehen sich wie Schemen rund um ihn herum, und er muß sich fragen: ›Wo bin ich?‹ Erde und Himmel fließen und stürzen mit einmal in ein blitzendes, schimmerndes, übereinanderwogendes, undeutliches Nebelgebilde zusammen; das Chaos beginnt, und die Ordnungen verschwinden. Mühsam versucht der Erschütterte seine gesunde Besinnung aufrechtzuerhalten; es gelingt ihm, und er spaziert vertrauensvoll weiter. Halten Sie es für ganz und gar unmöglich, daß ich auf einem weichen, geduldigen Spaziergang Riesen antreffe, Professoren die Ehre habe zu sehen, mit Buchhändlern und Bankbeamten im Vorbeigehen verkehre, mit angehenden jugendlichen Sängerinnen und ehemaligen Schauspielerinnen rede, bei geistreichen Damen zu Mittag speise, durch Wälder streife, gefährliche Briefe befördere und mich mit tückischen, ironischen Schneidermeistern wild herumschlage? Das alles kann vorkommen, und ich glaube, daß es in der Tat vorgekommen ist. Den Spaziergänger begleitet stets etwas Merkwürdiges, Gedankenvolles und Phantastisches, und er wäre dumm, wenn er dieses Geistige nicht beachten oder gar von sich fortstoßen würde; aber das tut er nicht; er heißt vielmehr alle sonderbaren, eigentümlichen Erscheinungen willkommen, befreundet und verbrüdert sich mit ihnen, weil sie ihn entzücken, macht sie zu gestaltenhaften, wesenvollen Körpern, gibt ihnen Bildung und Seele, wie sie ihrerseits ihn beseelen und bilden. Ich verdiene mit einem Wort mein tägliches Brot durch Denken, Grübeln, Bohren, Graben, Sinnen, Dichten, Untersuchen, Forschen und Spazieren so sauer wie irgendeiner. Indem ich vielleicht die allervergnügteste Miene schneide, bin ich höchst ernsthaft und gewissenhaft, und wo ich weiter nichts als zärtlich und schwärmerisch zu sein scheine, bin ich ein solider Fachmann! Ich hoffe, daß alle diese eingehenden Aufklärungen Sie von meinen ehrlichen Bestrebungen überzeugen und Sie vollauf befriedigen.«

Der Beamte sagte: »Gut!« und er fügte bei: »Ihr Gesuch betreffs Bewilligung möglichst niedrig zu veranschlagenden Steuersatzes werden wir näher prüfen und ihnen diesbezüglich baldige abschlägige oder einwilligende Mitteilung machen. Für freundlich abgelegten Wahrheitsbericht und eifrig geleistete ehrliche Aussagen dankt man Ihnen. Sie dürfen einstweilen abtreten und Ihren Spaziergang fortsetzen.«

Klaus Modick
DIE KLUGHEIT DER FÜSSE

Wir packen zusammen. Brot, Käse, eine Melone, eine Flasche Wein, Zigaretten. Dann ziehen wir los. Jean-Jacques schließt sich uns an. Was Anstandswauwau auf französisch heißt, weiß ich nicht. Wir gehen hinunter zum Fluß und folgen ihm stromaufwärts. In der Stadt, fällt mir ein, ist mir ein Autofahrer zu Hilfe gekommen, um die Distanz zwischen ihr und mir zu verkürzen. Hier unten in der Schlucht der Dourbie bin ich auf mich selbst angewiesen.

Manchmal, wenn der Pfad so eng wird, daß wir hintereinander gehen müssen, beeile ich mich, vor ihr zu gehen, um ihren Gang nicht sehen zu müssen, den ich so gern sehe. Sie geht barfuß, scheint über den Steinen, Disteln, Zweigen, die auf dem Pfad liegen, zu schweben, während ich unbeholfen in meinen Tennis-Schuhen dahintrampele, ab und zu stolpernd.

»Das Gehen«, sagt sie einmal beiläufig, »ist einfacher, wenn man ohne Schuhe läuft.«

Das leuchtet mir nun überhaupt nicht ein, aber ich ziehe probeweise die Schuhe aus. Jetzt schürft, piekt, kratzt mich jede Dorne, Distel, jeder Zweig und Stein. Sie sieht sich mein Geeiere eine Zeitlang an.

»Du mußt deine Füße entspannen.«

»Wie denn? Wie soll ich entspannen, wenn ich dauernd auf Dingen herumtreten muß, die mir weh tun?«

»Du darfst nicht an deine Füße denken. Die sind viel schlauer als dein Kopf, wenn du sie in Frieden läßt. Überhaupt dein ganzer Körper. Deine Füße finden schon ihren Weg. Laß sie laufen. Kontrolliere sie nicht. Du willst immer alles denkend unter Kontrolle haben. Und was hast du davon? Du gerätst dauernd außer Kontrolle.«

Ich außer Kontrolle? Wer hat denn heute morgen mit Kissen geschmissen? Seltsam allerdings: das mit den Füßen stimmt irgendwie. Das Laufen wird langsam leichter. Kaum noch ein

Fehltritt. Das Gefühl, als entstünde zwischen Füßen und Grund ein Luftpolster. Trotzdem spüre ich den Boden intensiv. Nicht mehr schmerzhaft, sondern als eine Art Streicheln. Die Fußflächen berühren die Dinge der Erde mit Neugier. Gräser streifen meine Beine. Ich ahne, was das ist: Gehen. Ein zärtlicher Kontakt des Körpers mit dem Grund. Was sonst alles zwischen uns liegt, Schuhe, Strümpfe, Asphalt. Unter dem Pflaster… Sollte das so gemeint sein? Keine Politik jetzt!

SCHWEIGEND INS GESPRÄCH VERTIEFT

Wilhelm Heinrich Riehl
Einsame Wanderschaft

Wer forschen und lernen will auf der Wanderschaft, der gehe allein.

Nur der einsame Wanderer lebt mit den Leuten, nur wer allein kommt, wird überall angeredet und in's Gespräch gezogen; kommen ihrer Zwei; so läßt man sie vielmehr für sich gewähren, in der Meinung, daß sie sich selbst genug seyen. Zum Vergnügen reise man mit einem Freunde, zum Studium für sich allein.

Aber nicht bloß die fremden Leute erschließen sich leichter dem Einsamen, auch wir selber sammeln uns und arbeiten doch nur eigentlich, wenn wir einsam wandern. Frei durch die Welt zu streifen, das Auge stets geöffnet für Natur und Volk ist eine lustige Arbeit, ein lustiges Spiel ist es nicht. Man muß seine Gedanken von früh bis spät gespannt halten auf die Hauptgesichtspunkte, welche man verfolgt; da nun aber tausend andere, oft sehr verlockende Eindrücke uns beständig zu zerstreuen drohen, da wir mitten im Studium auch zu gehen, unser Gepäck zu tragen und um Weg und Steg und Quartier zu sorgen haben, so rechne ich die Doppelarbeit des gleichzeitigen Wanderns und Forschens für besonders anstrengend, für anstrengender als das gründlichste Bücherstudium am Schreibtische.

Ich vergleiche diese lustig-ernsthafte Arbeit gerne dem gleichfalls lustig-ernsthaften Beruf eines Kavallerie-Trompeters. Der Mann muß ein Virtuos im Reiten und zugleich im Blasen seyn. Es gibt Volksforscher, die blasen vortrefflich, können aber das Reiten nicht vertragen: das sind die Stubengelehrten; es gibt andere, die reiten prächtig über Berg und Thal, haben aber das Blasen schlecht gelernt und kommen im Galoppiren aus dem Ton und Tact: das sind die Touristen.

Nur der einsame, kunstgeübte Wanderer, der sein Reisegepäck selber auf dem Rücken trägt und seinen Schulsack obendrein, findet den raschen Blick und die nie erlahmende Spannkraft zum rastlosen Beobachten.

Mit dem bloßen Beobachten ist es aber noch nicht gethan; es gilt auch zu gleicher Zeit das eben Erfaßte zu ordnen und durchzudenken. Wer sich auf dem Wege den Stoff sucht und hinterdrein daheim die Gedanken dazu, der ist nicht auf der rechten Fährte. Die besten Gedanken findet man immer dort, wo man die unmittelbare Anschauung der Thatsachen gefunden hat und die Gedanken wollen auf der Landstraße, auf dem Lagerplatz, im Abendquartier auch gleich frischweg erfaßt und festgehalten seyn. Dies ist das sicherste Mittel gegen die Gefahr, hinterher Fremdes in den gewonnenen Stoff hineinzudenken und die Thatsachen unsern Ideen zu beugen.

Jede Reisegesellschaft stört solches gesammelte und originale Durchdenken im Augenblick des Beobachtens. Erst nach vollbrachter Fahrt tausche man seine Gedanken aus, so viel man will, und prüfe und läutere sie im Austausche.

Um aber recht gründlich allein zu reisen, nehme ich nicht einmal ein Buch mit auf die Wanderschaft: ich will gezwungen seyn durch's Entbehren jeder anderen geistigen Anregung Geist und Auge fortwährend auf die umgebenden Dinge zu richten und dieselben nach ihrem Zusammenhange augenblicklich und in meiner Weise durchzudenken. Als einziger literarischer Freund begleitet mich die Landkarte und zur gemüthlichen Ansprache allenfalls mein Hund: beide halten mich nicht ab vom steten Verkehr mit den Leuten des Landes, noch stören sie die Sammlung meiner Gedanken.

Der Hunger nach neuem Stoff ist Vorbedingung, zugleich aber auch der größte Segen für den forschenden Wanderer, und dieser Hunger bringt dann von selbst die verdoppelte geistige Verdauungskraft, deren man unterwegs nicht entbehren kann. Rasch, sicher und vielseitig auffassen, sich einbürgern, indem man weitergeht, Stunden in Tage, Tage in Wochen verwandeln, das ist die schwierige Aufgabe und zugleich eine anderswie kaum zu übende Gymnastik des Geistes.

Darum mag Einer wochenlang starke Tagemärsche machen können ohne zu ermüden und eines besondern Rasttages zu bedürfen, verbindet er aber die Arbeit der Forschung mit dem Gang, so wird er's kaum über fünf Tage in einem Zuge aushalten. Man wird stumpf und muß dem Kopfe eine Weile Ruhe gönnen, bevor man den Beinen zumuthet, daß sie uns zu neuer Arbeit wieder fröhlich fürbaß tragen.

Walt Whitman
Eine menschliche Eigenheit

Wie kommt es, daß man in all der Gelassenheit und Einsamkeit des Alleinseins, weit draußen hier im Schweigen des Waldes, allein, oder wie ich fand, in der Wildnis der Prärie oder der Stille der Berge, nie völlig frei ist von dem instinktiven Gefühl, sich umdrehen zu müssen (Ich bin es nie, und andere erzählen mir im Vertrauen, daß es ihnen auch so geht.), nach jemandem, der plötzlich auftaucht oder aus dem Erdboden emporwächst oder hinter einem Baum oder Fels hervortritt? Ist das ein von den wilden Tieren oder seinen weit zurückliegenden primitiven Vorfahren ererbtes und nachwirkendes Überbleibsel ursprünglicher Wachsamkeit des Menschen? Auf keinen Fall ist es Nervosität oder Furcht. Es scheint, daß vielleicht etwas Unbekanntes in jenen Büschen oder an einsamen Orten lauert. Nein, und das ist ganz gewiß, dort ist – etwas vitales, ungesehen Gegenwärtiges.

Mark Twain
Unter Freunden: der Lauf der Unterhaltung

Wir waren davon überzeugt, jetzt, da wir Übung besaßen, in einem Tage nach Oppenau wandern zu können, und so brachen wir am nächsten Morgen nach dem Frühstück mit diesem Vorsatz auf. Die ganze Strecke ging es bergab, und wir hatten zum Wandern das schönste Sommerwetter. Also stellten wir den Pedometer ein und zogen dann in bequemem, gleichmäßigem Tempo durch den lichten Wald dahin, sogen in tiefen, erquickenden Zügen den duftenden Hauch des Morgens ein und wünschten uns, niemals etwas anderes zu tun zu brauchen, als nach Oppenau zu wandern, immerzu und immer wieder.

Nun liegt aber der wahre Zauber des Wanderns nicht im Laufen oder in der Landschaft, sondern im Reden. Das Laufen ist dazu da, für die Bewegungen der Zunge den Takt anzugeben, das Blut in Wallung und den Geist rege zu erhalten; die Landschaft und die Waldesdüfte sind dazu da, auf den Menschen einen unbewußten, unaufdringlichen Zauber auszuüben und ihren Balsam in Auge, Seele und Sinn zu träufeln; aber der größte Genuß kommt aus dem Gespräch. Es ist egal, ob man Weisheiten oder Unsinn daherredet, die Sache bleibt sich gleich; der Hauptgenuß liegt darin, den munteren Unterkiefer tanzen zu lassen und das teilnehmende Ohr zu spitzen.

Und welche bunte Liste von Themen ein paar Leute im Laufe einer Tageswanderung ganz beiläufig durchkämmen! Da alles ganz zwanglos abläuft, ist ein Wechsel des Themas immer richtig, und so wird man nicht auf einem einzigen Gegenstand herumhacken, bis er langweilig wird. An jenem Morgen sprachen wir in den ersten zehn oder zwanzig Minuten alles durch, was wir kannten, und schweiften dann ab in das glückliche, freie, grenzenlose Reich der Dinge, über die wir nicht so sicher Bescheid wußten.

Harris sagte, wenn der beste Schriftsteller der Welt erst einmal die liederliche Angewohnheit angenommen habe, seine »haben«

zu verdoppeln, werde er sie nicht mehr los, solange er lebe. Das heißt, wenn jemand sich angewöhnt hat, zu sagen: »Ich hätte es gern, mehr darüber gewußt zu haben«, statt einfach und vernünftig zu sagen: »Ich hätte gern mehr darüber gewußt«, dann ist die Krankheit dieses Menschen unheilbar. Harris sagte, dieser Verstoß sei in jeder Nummer jeder Zeitung zu finden, die man je in englischer Sprache gedruckt habe, und beinahe in all unseren Büchern. Er sagte, er habe ihn in Kirkhams Grammatik festgestellt und bei Macaulay. Harris war der Meinung, daß im Munde der Leute Milchzähne häufiger vorkämen als diese »verdoppelten ›haben‹«.

Damit wechselte das Gespräch auf die Zahnmedizin über.

Kurt Tucholsky
Ein Wirtshaus im Spessart

Würzburg; Sonnabend. Die beiden Halbirren brechen frühmorgens in meine Appartements im ›Weißen Lamm‹. »Aufstehen! Polizei!« und »In dieser Luft kannst du schlafen?« Jakopp in einem neuen Anzug, greulich anzusehen, Karlchen, die Zähne fletschend und grinsend in einem Gemisch von falschem Hohn und Schadenfreude. Die seit einem Jahr angesagte, organisierte, verabredete, immer wieder aufgeschobene und endlich zustandegekommene Fußtour beginnt. Du großer Gott -

Abend. Wir hätten sollen nicht so viel Steinwein trinken. Aber das ist schwer: so etwas von Reinheit, von klarer Kraft, von aufgesammelter Sonne und sonnengetränkter Erde war noch nicht da. Und das war nur der offene, in Gläsern – wie wird das erst, wenn die gedrückten Flaschen des Bocksbeutels auf den Tisch gestellt werden ...! Oben auf der Festung ist ein Führer, der ›erklärt‹ die alte Bastei und macht sich niedlich, wie jener berühmte Mann auf der Papstburg in Avignon. Aber hier dieser feldwebelbemützte Troubadour singt denn doch ein anderes Lied: er sieht Friderikusn in jedem Baumhöcker, beschimpft die aufrührerischen Bauern wie weiland Luther und überhäuft einen Mann namens Florian Geyer mit Vorwürfen: der habe unten in der Ratsstube gesoffen, während die Bauern hier oben stürmen mußten. Das muß ich in den letzten Jahren schon einmal gehört haben. Der Brunnen ist so tief, daß ein angezündeter Fidibus ... wie gehabt. In der Burg liegt Landespolizei und kann auf das weite gewellte Land heruntersehn. Wir hätten sollen in der Gartenwirtschaft Steinwein trinken.

Ochsenfurt; Sonntag. Als die Uhr auf dem Rathaus sechs schlug, ließen wir die Würfel liegen und stürmten hinaus, um uns anzusehen, wie die Apostel ihre Köpfe heraussteckten, die Bullen gegeneinander anliefern und der Tod mit der Hippe nickte. Dann liefen wir aber sehr eilig wieder in die Wirtsstube, wo die Würfel auf dem Tisch plärrten, weil man sie allein gelassen hatte. Wenn wir nicht das Barock des Landes würdigen und, den geschichtlichen Spuren der großen historischen Ereignisse folgend, dieselben auf uns wirken lassen, dann würfeln wir. Wir spielen ›Lottchen guckt vom Turm‹, ›Hohe Hausnummer rasend‹ und ›Kastrierter Waldaffe‹ sowie die von mir erfundenen, schwereren Dessins: ›Nonnenkräpfchen‹, ›Gretchen bleibt der Kegel weg‹ und ›Das Echo im Schwarzwald‹. Wir müssen furchtbar aufpassen, weil mindestens immer einer mogelt. Ich würde nie mogeln, wenn es jemand merkt. Auch muß alles aufgeschrieben werden, damit nachher entschieden werden kann, wer den Wein bezahlt. Ich habe schon viermal bezahlt. Es ist eine teure Freundschaft.

Iphofen; Montag. Ich werde mich hüten, aufzuschreiben, wo wir gewesen sind. Als wir das erste Glas getrunken hatten, wurden wir ganz still. Karlchen hat eine ›Edelbeeren-Trocken-Spät-Auslese‹ erfunden, von der er behauptet, sie sei so teuer, daß nur noch Spinnweben in der Flasche ... aber dieser war viel schöner. Ein 21er, tief wie ein Glockenton, das ganz große Glück. (Säuferpoesie, Säuferleber, die Enthaltsamkeitsbewegung – Sie sollten, junger Freund ...) Das ganz große Glück. Das Glück wurde noch durch ein Glanzlicht überhöht: der Wirt hatte einen 17er aus dem Faß, der war hell und zart wie Frühsommer. Man wurde ganz gerührt; schade, daß man einen Wein nicht streicheln kann.

Iphofen ist ein ganz verschlafenes Nest, mit sehr aufgeregten Gänsen auf den Straßen, alten Häusern, einer begrasten Stadtmauer und einem ›Geologen und Magnetopathen‹. Habe Karlchen geraten, sich seine erdigen Fingernägel untersuchen zu lassen. Will aber nicht.

In *Ochsenfurt*, auf dem Wege hierher, haben wir am äußersten Stadttor einen Ratsdiener gesehen, der stand da und regelte den Verkehr. Die Ochsenkutscher, die Mist karrten, streckten den linken Arm heraus, wenn sie ans Tor kamen – hier muß eine schwere Seuche ausgebrochen sein, die sich besonders an Straßenecken bemerkbar macht. Schrecklich, die armen Leute! Das kommt davon, wenn sie auf dem Broadway den Verkehr regeln. Wir nehmen uns jeder zwei Flaschen von dem ganz großen Glück mit, um es unseren Lieben in der Heimat mitzubringen. Jeder hat noch eine Flasche.

Kloster Bronnbach; Mittwoch. Der Herbst tönt, und die Wälder brennen. Wir sind in Wertheim gewesen, wo der Main, als ein Bilderbuchfluß dahinströmt, und wo die Leute mit einer Fähre übersetzen wie in einer Hebelschen Erzählung. Drüben, in Kreuzwertheim, war Gala-Pracht-Eröffnungs-Vorstellung des Welt-Zirkus. Vormittags durfte man die wilden Tiere ansehen: einen maßlos melancholischen Eisbären, der in einer vergitterten Schublade vor sich hinkroch und schwitzte; etwas Leopard, und einen kleinen Panther, den die Zirkusjungfrau auf den Arm nahm, das Stück Wildnis. Da kratzte er. Und die Jungfrau sagte zur Wildnis: »Du falscher Fuffziga!« Das konnten wir nicht mitansehen, und da gingen wir fort.

Hier in Bronnbach steht eine schöne Kirche; darin knallt das Gold des alten Barock auf weißgetünchten Mauern. Ein alter Klosterhof ist da. Mönche und die bunte Stille des Herbstes. Wie schön müßte diese Reise erst sein, wenn wir drei nicht da wären!

Hier und da; Donnerstag. Große Diskussion, ob man eine Winzerin winzen kann. Miltenberg, Mespelbrunn und Heiligenbrücken: vergessen. In Wertheim aber stand an einem Haus ein Wahrspruch, den habe ich mir aufgeschrieben. Und wenn ich einst für meine Verdienste um die deutsche Wehrmacht geadelt werde, dann setze ich ihn mir ins Wappen. Er hieß: »Jeder hat ja so recht!«

Lichtenau; Sonnabend. Die Perle des Spessarts. Dies ist nicht das Wirtshaus im Spessart, das liegt in Rohrbrunn – aber wir benennen das um. Hier ist es richtig.

Unterwegs wurde Jakopp fußkrank; er taumelte beträchtlich, ächzte und betete zu merkwürdigen Gottheiten, auch sagte er unanständige Stammbuchverse auf, daß uns ganz angst wurde, denn wir haben eine gute Erziehung genossen. Wir waren froh, als wir ihn gesund nach Lichtenau gebracht hatten, den alten siechen Mitveteranen. Und als wir ins Gasthaus traten, siehe, da fiel unser Auge auf ein Schild:

»Autoverkehr! Automobil-Leichenwagen nach allen Richtungen«

Des freute sich unser Herz, und froh setzten wir uns zum Mahle. Der Wirt war streng, aber gerecht, nein, doch nicht ganz gerecht, wie sich gleich zeigen wird. Wir gingen ums Haus.

Dies ist eine alte Landschaft. Die gibt es gar nicht mehr; hier ist die Zeit stehengeblieben. Wenn Landschaft Musik macht: dies ist ein deutsches Streichquartett. Wie die hohen Bäume rauschen, ein tiefer Klang, so ernst sehen die Wege aus ... Die Steindachlinie des alten Hauses ist so streng – hier müßten altpreußische Reiter einreiten, etwa aus der Zeit Louis Ferdinands. Die Fenster sind achtgeteilt; um uns herum rauscht der abendliche Parkwald. Wir sitzen zu dritt auf einer Stange und bereden ernste Sachen. Dann gehen wir hinein.

... Wir schmecken einmal, zweimal, dreimal. »Dieser Wein«, sage ich alter Kenner, »schmeckt nach Sonne.« – »Und nach dem Korken!« sagen die beiden andern gleichzeitig. Herr Wirt! Drohend naht er sich. Nun heißts Mut gezeigt. Auf und drauf!

»Herr Wirt ... es ist nämlich ... also: probieren Sie mal den Wein!« – Er weiß schon, was ihm blüht. Und redet in Zungen, ganz schnell. »Wo ist der Korks? Erst muß ich den Korks haben!

Also zuerst den Korks!« Der ›Korks‹ wird ihm gereicht – er beriecht ihn, er schnuffelt an der Flasche, er trinkt den Wein und schmeckt ab; man kann es an seinen Augen sehen, in denen seltsame Dinge vorgehen. Urteil: »Ich hab gleich gesehen, daß die Herren keine Bocksbeuteltrinker sind! Der Wein ist gut.« Berufung … »Der Wein ist gut!« – Revision… »… ist gut!« Raus.

Da sitzen wir nun. Ein mitleidiger Gast, der bei dem Wirte wundermild zur Kur weilt, sieht herüber. »Darf ich einmal versuchen – ?« Er versucht. Und geduckten Rückens sagt dieser Feigling: »Meine Herren, der Wein schmeckt nicht nach Korken! Wenn er nach dem Korken schmeckt, *dann möpselt es nach –!«* Natürlich möpselt es. Wir hatten keine Ahnung, was das Wort bedeutete – aber es ging sofort in unsern Sprachschatz über. Jeder Weinkenner muß wissen, was ›möpseln‹ ist. Aus Rache, und um den Wirt zu strafen, trinken wir noch viele, viele Flaschen Steinwein, von allen Sorten, und alle, alle schmecken sie nach Sonne.

Lichtenau; Sonntag. Bei uns dreien möpselt es heute heftig nach.

Jack Kerouac
Kontemplationen eines Hippies

Wir gingen weiter, und ich war unendlich froh darüber, denn jetzt, am frühen Nachmittag, sah der Bergpfad wie etwas Ewiges aus. Der Hang des grasüberwachsenen Hügels war wie mit uraltem Goldstaub bedeckt, die Käfer krabbelten über die Felsen, und der Wind strich in flimmernden Tänzen über das heiße Gestein. Ich freute mich, als der Pfad plötzlich an einen kühlen, schattigen, von großen Bäumen überhangenen Ort führte, und wie es hier dunkler war, und wie der See unter uns bald ein Spielzeugsee wurde, und wie die schwarzen Brunnenlöcher immer noch vollkommen sichtbar blieben und riesige Wolkenschatten über dem See … und der tragische kleine Weg verlor sich nach unten, dorthin, wo der arme Morley zurückwanderte.

» Kannst du Morley da unten noch sehen?«

Japhy hielt lange Ausschau. »Ich sehe eine kleine Staubwolke. Vielleicht ist er das und kommt schon wieder zurück.«

Doch mir kam es so vor, als ob ich das alles schon einmal gesehen hätte, den Pfad im Glanz des uralten Nachmittags, die Gebirgswiesen und Lupinenbündel, und da war plötzlich auch wieder der reißende Fluß, der die Brücken aus Baumstämmen bespritzte und dessen Wasser von unten her grün schimmerte. Da befiel mich eine ganz eigentümliche Wehmut, als ob ich schon einmal gelebt hätte und diesen Pfad entlanggegangen wäre unter ähnlichen Umständen, einen weisen Bruder in Buddha an meiner Seite, doch vielleicht auf einer wichtigeren Reise. Am liebsten hätte ich mich neben dem Pfad hingelegt und mich an alles zu erinnern versucht. Der Wald ist schuld daran, wenn dir so zumute ist. Er sieht immer vertraut aus wie etwas längst Verlorenes, wie das Gesicht eines vor langer Zeit gestorbenen Verwandten, wie ein alter Traum, wie der Fetzen eines vergessenen Liedes, der über das Wasser treibt, und vor allem wie die goldenen Ewigkeiten einer vergangenen Kindheit und vergangener Mannesjahre, und wie alles Leben und alles Sterben und aller Herzenskummer seit Millionen von Jahren, und mir war so, als ob die Wolken, die über unserem Kopf dahinschweben und selbst Vertraute der Einsamkeit sind, diese Gefühle bestätigen. Sogar Verzückung fühlte ich – und plötzlich das Aufblitzen einer Erinnerung, und ich fühlte Schweiß und Müdigkeit, und am liebsten wäre ich eingeschlafen und hätte im Gras geträumt. Als wir höher kamen, wurden wir müder, und wie zwei echte Bergsteiger sprachen wir nun überhaupt nicht mehr und brauchten nicht mehr zu sprechen und waren glücklich. Das äußerte Japhy dann auch, als er sich nach einem Schweigen von einer halben Stunde umdrehte. »So habe ich es gern; wenn du wirklich in Fahrt kommst, brauchst du nichts zu sagen, so als ob wir Tiere wären und uns einfach nur durch wortlose Gedankenübertragung verständigen.« So in unsere eigenen Gedanken versunken, trotteten wir weiter, Japhy in dem Zuckeltrab, von dem ich schon gesprochen habe, und auch ich fand meinen eigenen Tritt. In kurzen Schritten ging ich langsam und geduldig den Berg hinauf, eine Meile in der Stunde, so daß ich immer dreißig Yards hinter ihm war, und wenn uns ein Haiku einfiel, riefen wir ihn laut nach vorn und hinten in die Gegend. Recht bald erreichten wir den oberen Teil des Pfades, der nun kein Pfad mehr war, die sagenhaft verträumte Wiese mit einem wunderschönen Teich in der Mitte, und danach kamen nur noch Felsblöcke, nichts als Felsblöcke.

DER VERLIEBTE WANDERER

Heinrich von Kleist
Liebesbriefe eines Wanderers

Ich ging an dem Ufer eines kleinen Waldbachs entlang. Ich lächelte über seine Eilfertigkeit, mit welcher er schwatzhaft und geschmeidig über die Steine hüpfte. Das ruht nicht eher, dachte ich, als bis es im Meere ist; und dann fängt es seinen Weg von vorn an. – Und doch – wenn es still steht, wie in dieser Pfütze, so verfault es und stinkt.

Wir fanden dieses Gebirge wie alle, sehr bebaut und bewohnt; lange Dörfer, alle Häuser 2 Stock hoch, meistens mit Ziegeln gedeckt; die Täler grün, fruchtbar, zu Gärten gebildet; die Menschen warm und herzlich, meistens schön gestaltet, besonders die Mädchen. Das *Enge der Gebirge* scheint überhaupt auf das *Gefühl* zu wirken, und man findet darin viele Gefühlsphilosophen, Menschenfreunde, Freunde der Künste, besonders der Musik. Das *Weite des platten Landes* hingegen wirkt mehr auf den *Verstand*, und hier findet man die Denker und Vielwisser. Ich möchte an einem Orte geboren sein, wo die Berge nicht zu eng, die Flächen nicht zu weit sind. Es ist mir lieb, daß hinter Deinem Hause die Laube eng und dunkel ist. Da lernt man fühlen, was man in den Hörsälen nur zu oft verlernt. (...)

Der Weg nach *Tharandt* geht durch den schönen *Plauenschen Grund*. Man fährt an der *Weißritz* entlang, die dem Reisenden entgegenrauscht. Mehr Abwechselung wird man selten in einem Tale finden. Die Schlucht ist bald eng, bald breit, bald steil, bald flach, bald felsig, bald grün, bald ganz roh, bald auf das Fruchtbarste bebaut. So hat man das Ende der Fahrt erreicht, ehe man es wünscht. Aber man findet doch hier noch etwas Schöneres, als man es auf diesem ganzen Wege sah.

Man steigt auf einen Felsen nach der Ruine einer alten Ritterburg. Es war ein unglückseliger Einfall, die herabgefallenen Steine wegzuschaffen und den Pfad dahin zu bahnen. Dadurch hat das Ganze aufgehört eine Antiquität zu sein. Man will sich den Genuß erkaufen, »wär's auch mit einem Tropfen Schweißes nur«. Du bist mir noch einmal so lieb geworden, seitdem ich um Deinetwillen reise …

In dem reizenden Tale von *Tharandt* war ich unbeschreiblich bewegt. Ich wünschte recht mit Innigkeit Dich bei mir zu sehen. Solche Täler, eng und heimlich, sind das wahre Vaterland der Liebe. Da würden wir Freuden genossen haben, höhere noch als in der Gartenlaube. Und wie herrlich müßte einmal ein kurzes Leben in der idealischen Natur auf Deine Seele wirken. Denn tiefe Eindrücke macht der Anblick der erhabenen edlen Schöpfung auf weiche, empfängliche Herzen. Die Natur würde gewiß das Gefühl und den Gedanken in Dir erwecken; ich würde ihn zu entwickeln suchen und selbst neue Gedanken und Gefühle bilden. – O, einst müssen wir einmal *beide* eine schöne Gegend besuchen. Denn da erwarten uns ganz neue Freuden, die wir noch gar nicht kennen …

Bettina von Arnim
Mit einem vollen Herzen

An Goethe Am 5. Juli

Wenn ich Dir alle Ausflüge beschreiben sollte, liebster Herr, die wir von unserem Rheinaufenthalt aus machen, so blieb mir keine Minute übrig zum Schmachten und Seufzen. Das wär mir sehr lieb, denn wenn mein Herz voll ist, so möchte ich's gerne vor Dir überströmen lassen; aber so geht's nicht. Hat man den ganzen Tag im heißen Sonnenbrand einen Berg um den andern erstiegen, alle Herrlichkeiten der Natur mit Hast in sich getrunken, wie den kühlen Wein in der Hitze, so möchte man am Abend den Freund lieber ans Herz drücken und ihm sagen, wie lieb man ihn hat, als noch viele Beschreibung von Weg und Steg machen. Was vermag ich auch vor Dir, als nur Dich innigst anzusehen! Was soll ich Dir vorplaudern? – Was können Dir meine einfältigen Reden sein?

Wer sich nach der schönen Natur *sehnt*, der wird sie am besten beschreiben, der wird nichts vergessen, keinen Sonnenstrahl, der sich durch die Felsritze stiehlt, keinen Windvogel, der die Wellen streift, kein Kraut, kein Mückchen, keine Blume am einsamen Ort. Wer aber mitten drinnen ist und mit glühendem Gesicht oben ankommt, der schläft wie ich gern auf dem grünen Rasen ein und denkt weiter nicht viel, manchmal gibt's einen Stoß ans Herz, da seh ich mich um und suche, wem ich's vertrauen soll.

Was sollen mir all die Berge bis zur blauen Ferne, die blähenden Segel auf dem Rhein, die brausenden Wasserstrudel! – es drückt einen doch nur, und – keine Antwort, niemals, wenn man auch noch so begehrend fragt. -

Rodolphe Toepffer
Ein Herz auf Reisen

Es sind drei Jahre her, da machte ich mich eines Morgens von Chamonix auf, um mich nach Martigny im Wallis zu begeben. Viele andere Touristen taten an diesem Tage das gleiche. Alle hatten ihre Maultiere; ich allein wanderte zu Fuß; aber in diesem bergigen Lande hat der Fußgänger vor den übrigen Reisenden den Vorteil der Schnelligkeit voraus, wie er schon den der vollständigen Freiheit in seinen Bewegungen besitzt.

Der Weg war somit belebt durch den Anblick verschiedener Karawanen, die sich in einiger Entfernung voneinander bewegten. Ich überlegte bei mir, welchen Gebrauch ich von meiner Unabhängigkeit machen sollte. Ich konnte zwischen drei Möglichkeiten wählen: entweder einsam die Nachhut bilden; oder alle Welt überholen und allein an der Spitze marschieren; oder endlich von einer Gruppe zur andern gehen, Bekanntschaften anknüpfen und mit dem Reiz des Spazierengehens den der Unterhaltung verbinden. Dieser letztere Ausweg erschien mir als der angenehmste.

So erreichte ich die Gesellschaft, die mir am nächsten war. Am liebsten hätte ich mich gleich dieser für den ganzen Tag angeschlossen. Bei ihr befand sich nämlich ein liebenswürdiges, schönes, bezauberndes junges Mädchen. Wenigstens machte sie auf mich diesen Eindruck. Aber ich habe eine Beobachtung gemacht: daß auf Reisen alle jungen Damen diesen Eindruck machen; ich schließe daraus, daß dieses Fräulein vielleicht nicht schöner oder bezaubernder war als irgendein anderes.

Auf Reisen gibt sich unser Herz gern romanhaften und abenteuerlichen Gedanken hin; es erschließt sich rascher und ist entschieden zärtlicher veranlagt. Die Schönheit des anderen Geschlechts erscheint ihm, um galant zu sein, noch huldigenswerter als zu anderen Zeiten; und da bei diesen zufälligen Begegnungen gewöhnlich kein ernsthafter Plan, keine auf Heirat abzielende Berechnung als heilsamer Ballast den Flug des reinen Empfindens hemmt, so schwingt sich unser Gefühl in die Lüfte und erhebt sich in wenigen Augenblicken zu wunderbarer Höhe.

Und nicht nur unser Herz beträgt sich so auf Reisen, sondern es ist sicher, daß auch ein junges Mädchen bei diesem Anlaß gewisse Gelegenheitsreize hat, die sie in einem Salon kaum besitzen dürfte. Zunächst ist sie allein; losgelöst von ihren schöneren oder ebenso liebenswürdigen Gefährtinnen, ist sie eine mehr oder weniger seltene, mehr oder weniger schimmernde Blume: aber diese selbe Blume, welche nichts bedeuten würde, wenn sie sich in dem hoffärtigen Glanz eines Straußes verlöre, gefällt, rührt, erscheint bezaubernd und anmutig, wenn sie verborgen auf einer einsamen Wiese das Auge erquickt und ihren Duft verbreitet. Gibt es im Grunde etwas Dümmeres als einen Blumenstrauß? Gleicht er nicht einem unwürdigen Serail, in dem ein törichter Gebieter eine Schönheit neben der andern einschließt und sich aus den schnell welkenden Reizen einer jeden eine zwar strahlende aber anmutslose Vereinigung, aus dem zarten Duft jeder einzelnen einen beleidigenden Geruch schafft? Geh, geh, häßlicher Sultan, beschmutze, verwelke, vergrabe für deine Lüste die Frische von tausend Rosen … Ich, ich will meine Blume an Orten suchen, wo sie einsam ihren Kelch wiegt, und, eifersüchtig auf ihre bescheidene Anmut, werde ich mich hüten, ihr Gefährtinnen zu geben; ja, ich werde mich scheuen, sie überhaupt zu pflücken.

Aber das ist nicht alles. Auf Reisen steht dir ein junges Mädchen von vornherein innerlich näher. Entweder hat ihr Herz schon entschieden, dann ist sie geneigt, die Gegenwart junger Leute überhaupt zu meiden; andernfalls muß deine Person ihr notwendigerweise interessant, deine Aufmerksamkeit ihr angenehm werden. Die Herrschaft, die sie über dich ausübt, das Glück, das du an ihrer Seite empfindest, können ihr weder entgehen noch mißfallen, vorausgesetzt, daß du zart genug bist, deine Gefühle mehr erraten, als sie sichtbar werden zu lassen. Und wie viele zufällig auftauchende Gelegenheiten, wie viele Gegenstände bieten sich dar, um einen einschmeichelnden Eifer zu beweisen, um sich in demselben Gedankengange zu begegnen, um miteinander zu empfinden, um den Gleichklang der Seelen entstehen zu lassen, zu dem Alter und Neigung zwei junge Herzen mit unwiderstehlichem Zauber hinziehen. Diese Harmonie der Seelen wird vielleicht nur wenige Stunden, vielleicht einen ganzen Tag dauern; aber wenn sie auch nur flüchtig ist, ist sie lebhaft und rein; und statt des Bedauerns hinterläßt sie uns die reizvollste Erinnerung.

Und wie wird es erst sein, wenn die Gegenstände, die sich euren Augen bieten, Täler, Wälder, Berge, die unendlichen Gletscher sind, mit einem Wort, wenn es die bald lachende, bald erhabene Natur der Hochalpen ist? Wenn in jedem Augenblick ein fesselndes Schauspiel die aufrichtigste Bewunderung und das Bedürfnis hervorruft, die heftigen Bewegungen mitzuteilen, deren Flut das Herz nicht völlig im Busen zu bewahren vermag, und deren fromme Reinheit sie die Fessel schamhafter Zurückhaltung abstreifen läßt? Wie wird es erst sein, wenn das junge Mädchen in seinem Entzücken nicht mehr an ihr Reittier denkt und dir die holde Sorge überläßt, dessen Schritte zu lenken, seine Launen zu zügeln? Während du, den Zügel in der Faust, dich als lebendigen Wall zwischen das Maultier und den Abgrund stellst, darf sie bewundern, genießen. Das lebendige Empfinden verschönt ihr Antlitz; der Morgenwind, der von den Bergen weht, überhaucht sie mit rosigen Farben, er spielt in den Falten ihres Mantels und enthüllt dir den Reiz ihrer Formen. Ach, junger Mann, schon wird dein Herz, wird dein Auge den Bergen untreu, liebevoll beschäftigt es sich nur mit dem lieblichen Geschöpf. Nicht wahr, sie ist liebenswürdig, ist schön, ist bezaubernd ...? Das ist alles, was ich beweisen wollte.

Hermann Hesse
Vom Eros des Wanderns

Das erste Dorf auf der Südseite der Berge. Hier beginnt erst recht das Wanderleben, das ich liebe, das ziellose Schweifen, die sonnigen Rasten, das befreite Vagabundentum. Ich neige sehr dazu, aus dem Rucksack zu leben und Fransen an den Hosen zu haben.

Während ich mir Wein aus der Pinte ins Freie bringen lasse, fällt mir plötzlich Ferruccio Busoni ein. »Sie sehen so ländlich aus«, sagte mir der liebe Mensch mit einem Anflug von Ironie, als wir uns das letztemal sahen – es ist gar nicht lange her, in Zürich. Andreae hatte eine Mahler-Symphonie dirigiert, wir saßen im gewohnten Restaurant zusammen, ich freute mich wieder an Busonis fahlem Geistergesicht und an der flotten Bewußtheit dieses glänzendsten Antiphilisters, den wir heut noch haben. – Wie kommt diese Erinnerung hierher?

Ich weiß! Es ist nicht Busoni, an den ich denke, und nicht Zürich, und nicht Mahler. Das sind die üblichen Täuschungen des Gedächtnisses, wenn es an Unbequemes kommt; es schiebt dann gern harmlose Bilder in den Vordergrund. Ich weiß jetzt! In jenem Restaurant saß auch eine junge Frau, hellblond und sehr rotwangig, mit der ich kein Wort sprach. Engel du! Sie anzusehen war Genuß und Qual, wie liebte ich sie jene Stunde lang! Ich war wieder achtzehn Jahre alt. Plötzlich ist alles deutlich. Schöne, hellblonde, lustige Frau! Ich weiß nicht mehr, wie du heißt. Ich habe dich eine Stunde lang geliebt, und ich liebe dich heut am sonnigen Sträßchen des Bergdorfes wieder, eine Stunde lang. Niemand hat dich mehr geliebt als ich, niemand hat dir jemals so viel Macht über sich eingeräumt wie ich, unbedingte Macht. Aber ich bin zur Untreue verurteilt. Ich gehöre zu den Windbeuteln, welche nicht eine Frau, sondern nur die Liebe lieben.

Wir Wanderer sind alle so beschaffen. Unser Wandertrieb und Vagabundentum ist zu einem großen Teil Liebe, Erotik. Die Reiseromantik ist zur Hälfte nichts anderes als Erwartung des Abenteuers. Zur andern Hälfte aber ist sie unbewußter Trieb, das Erotische zu verwandeln und aufzulösen. Wir Wanderer sind darin geübt, Liebeswünsche gerade um ihrer Unerfüllbarkeit willen zu hegen, und jene Liebe, welche eigentlich dem Weib gehörte, spielend zu verteilen an Dorf und Berg, See und Schlucht, an die Kinder am Weg, den Bettler an der Brücke, das Rind auf der Weide, den Vogel, den Schmetterling. Wir lösen die Liebe vom Gegenstand, die Liebe selbst ist uns genug, ebenso wie wir im Wandern nicht das Ziel suchen, sondern nur den Genuß des Wanderns selbst, das Unterwegssein.

Junge Frau mit dem frischen Gesicht, ich will deinen Namen nicht wissen. Meine Liebe zu dir will ich nicht hegen und mästen. Du bist nicht das Ziel meiner Liebe, sondern ihr Antrieb. Ich schenke diese Liebe weg, an die Blumen am Weg, an den Sonnenblitz im Weinglas, an die rote Zwiebel des Kirchturms. Du machst, daß ich in die Welt verliebt bin. Ach, dummes Gerede! Ich habe heut nacht, in der Berghütte, von der blonden Frau geträumt. Ich war unsinnig in sie verliebt. Ich hätte den Rest meines Lebens samt allen Wanderfreuden darum gegeben, wenn sie bei mir gewesen wäre. An sie denke ich heut den ganzen Tag. Für sie trinke ich Wein und esse Brot. Für sie zeichne ich Dorf und Turm in mein Büchlein. Für sie danke ich

Gott – daß sie lebt, daß ich sie sehen durfte. Für sie werde ich ein Lied dichten und mich an diesem roten Wein betrinken.

Und so war es mir bestimmt, daß meine erste Rast im heitern Süden der Sehnsucht nach einer hellblonden Frau jenseits der Berge gehört. Wie schön war ihr frischer Mund! Wie schön, wie dumm, wie verzaubert ist dies arme Leben!

WANDERER AUF ABWEGEN

Ludwig Tieck
Die Ochsentour

Ja, das muß wahr seyn, rief Krummschuh aus, in meinem Leben hab' ich noch keinen Menschen gesehen, der so versessen auf das Wandern ist. Er konnte es nie satt werden, und ich werde zeitlebens an das Jahr gedenken, in dem ich mich mit ihm herum getrieben habe. Wenn andere Menschen müd' und matt in die Herberge kommen, so richten sie sich ein, sehen nach der Küche, bestellen sich ein Essen, setzen oder legen sich nieder; nicht so er. Gleich fragt er nach den Merkwürdigkeiten der Stadt und der Gegend, meistens kennt er sie auch schon, oft besser als die Leute selbst, und da ist nun entweder ein alter Thurm, den er besehen und auf die Spitze mit Lebensgefahr hinauf klettern muß, oder Mauerwerk von einem Schlosse oder Kloster ist eine halbe Meile davon, dahin wird nun gewandert, ohne fast nur einen Trunk Bier gethan zu haben. Und was hat er nachher von dem allen? Ich begreife es jetzt selbst nicht, wie er mich damals durch seinen Umgang so hat behexen können, daß ich alle die Thorheiten mitmachte.

Alle lachten, und der Erzähler fuhr fort: jetzt ist es mir selber lächerlich, aber damals war ich oft verdrüßlich genug. Weißt Du noch, Gevatter, wie wir miteinander das Fichtelgebirge durchstrichen? In der Ebene war er noch erträglich und ziemlich vernünftig, aber so wie er nur in Berge gerieth, war er wie wahnwitzig, und ich glaube auch, daß es eine Krankheit in ihm gewesen ist, die jetzt wohl ausgetobt hat. Da mußte immer noch ein Berg erstiegen werden, und dann noch ein höherer und wieder ein anderer, und das hatte dann niemals ein Ende! Dabei konnte er unser einen so schön persuadiren, daß man immer nachkletterte; er konnte Wunder was versprechen, goldne Berge und Luftschlösser, es blieben aber immer nur neue Felsenberge. Ich hatte von frühester Kindheit die Anlage, einen Bauch zu kriegen, wie es denn auch jetzt geschieht; seit ich denken kann, ist mir beim Bücken das Blut ins Gesicht gestiegen, und ich kann nichts thun, ohne in starken Schweiß zu gerathen. Aus dieser Complexion ergibt sich nun von selbst, daß ich kein sonderlicher Fußgänger bin, was er bei seiner schlanken Statur niemals begreifen wollte, sondern meinen Widerwillen nur für Faulheit erklärte. Da liegt in Franken ein finsteres Nest, Wunsiedel genannt, unter dem Fichtelgebirge; eine halbe Meile oder Meile davon sind im Buschwerk die wunderlichsten tollsten Felsenmassen über-, unter- und durcheinander geworfen, wie man es nur im Traum sich vorstellen kann, da mußt' ich nun hin, und springen, kriechen, klettern und stöhnen, um das Wunderwerk in Augenschein zu nehmen. Der höchste und verwirrteste Punkt dieser Gegend, wo man verrückt werden möchte, heißt die Luchsburg. Von hier sieht man aus der schwärzesten Tannen-Einsamkeit rund umher in die Zerstörung hinaus, von allen Seiten nur Wälder und wilde Steinklumpen unter sich, Waldrauschen und wildes Vogelschreien, alles zum Entsetzen. Da war er nun glücklich und wie betrunken vor Freude. Wir mußten aber weiter, wir sollten auf den Gipfel des Gebirgs gelangen, den sie dort den Ochsenkopf nennen. Er wußte meine Ambition so in Thätigkeit zu setzen, daß ich richtig mitging; den Abend vorher hatte ich geschworen, es nicht zu thun. Es liegt ein tiefer langer Morast unten am Gebirge, über welchen Stangen gelegt sind, um nur festen Fuß fassen zu können, da hinüber mußten wir uns quälen. Dann ging es in den dicksten Wald, neben großen Steinwänden, Eichen und Tannen vorbei; er hatte sich den Weg genau beschreiben lassen, und glaubte nicht fehlen zu können. Aber es gerieth uns dennoch anders, denn nachdem wir einige Stunden bergauf gewandert waren, hatten wir jede Spur eines Weges verloren. Nach vielem Hin- und Hertappen geriethen wir auf eine alte Straße, die aber seit lange schon mußte verlassen gelegen haben, nehmlich auf eine Art von Knütteldamm über morastigen Boden. Hier war es Kunst zu wandern. Oft brach der Baum, indem man auftrat, oder tauchte unter, und man mußte behende auf den zweiten steigen, wo es oft noch schlimmer ging; an vielen Stellen fehlten die Bäume ganz, und wir mußten zum Springen unsere Zuflucht nehmen, wobei es doch nicht zu vermeiden war, daß wir nicht einmal ums andere tief in den Sumpf hinein fielen. Ich fing an zu heulen und zu weinen; der böse Mensch aber war so weit voraus, daß er es gar nicht einmal hören konnte. Was half's? ich mußte ihm nach. Wie dieser vermaledeite Weg zu Ende war, hatten wir zwar festen Boden unter uns, aber wir waren darum um nichts gebessert. Die ehemalige Straße mochte mit Bäumen und Gebüschen verwachsen seyn, und so mußten wir uns bequemen, eine Art von Treppenstiege hinan zu klimmen, welche die Wasser in den Felsen gerissen hatten. Dieser Weg dauerte wieder einige Stunden, zog sich steiler und immer steiler hinan, und oft waren die Felsblöcke so hoch, daß mein Verführer sich mir unterstemmen mußte, um mich nur hinauf zu winden. Die Geier in den himmlischen Lüften müssen über unsere Wanderung verwundert gewesen seyn. Schon fing es an Abend zu werden, und wir hatten bei unsern Strapazen seit dem frühesten Morgen nichts genossen. Aber was stand uns bevor? Unsere Felsentreppe endigte endlich auf einem kleinen runden Wiesenfleck, den von allen Seiten hohe, dichte Bäume und hinter diesen die steilsten Felsenwände umschlossen. Kein Ausgang war zu entdecken, wir waren hier wie in einer verzauberten Gegend eingefangen, indem die Sonne unterging. Er verlor nicht den Muth, sondern schnitt sich mit seinem großen Messer einen Ausgang durch den Wald, und kletterte wie eine Gemse auf eine Klippe hinauf. Jeder Fußtritt, jedes leise gesprochene Wort, jedes Aufstoßen mit dem Stock schallte in dieser Einsamkeit furchtbarlich wieder. Ich fing in der Verzweiflung an, das kurze, nicht saftige Gras zu kosten. Mit dem schlechtesten Troste kam unser Freund zurück; es zeigten sich, nach seiner Aussage, von dort nichts, als rund um die schwindlichsten Abgründe; die Sonne ist untergegangen, fuhr er fort, zurück können wir auch nicht, und fänden wahrscheinlich unsern unrichtigen Weg so wenig, wie den richtigen; hier ist es trocken, die Nacht wird nicht eben kalt werden, der Himmel ist heiter, was bleibt uns übrig, als hier auf dieser Stelle unser Quartier aufzuschlagen? kommt ja doch, wie man sagt, guter Rath über

Nacht. Wir mußten aus der Noth eine Tugend machen, und ich wäre wohl zum Einschlafen müde genug gewesen, wenn mich die Qual des Hungers nur zur Ruhe hätte kommen lassen. Als es finster wurde, fing der unglückliche Mensch an, mir, wie er sagte, zum Zeitvertreib die allerfürchterlichsten Gespenstergeschichten zu erzählen, und dazu heulte der Wind, oder was es sonst war, in den Klüften unter uns so entsetzlich, über uns war oft in der Luft ein Geschwirre und Krächzen, die Bäume schüttelten sich oft so plötzlich, und in der Dunkelheit sahen die Felsenzacken mit so gräßlichen Schnauzen und Bärten zu uns herüber, daß ich den Verstand zu verlieren glaubte; doch war meine Müdigkeit stärker als alles andere, und ich erwachte wirklich erst, nachdem die Sonne schon aufgegangen war. Der Abentheurer hatte auch, wie er mir sagte, gut geschlafen, und wir befanden uns in so weit wohl, außer daß wir vor Hunger und Mattigkeit kaum die Beine bewegen konnten. Er war auch, wie ich merkte, abgekühlt, denn er war von der sogenannten Natur nicht so begeistert wie gewöhnlich; wir trafen über den schwindlichten Felsenspitzen einen kleinen grünen Vorsprung, der sich längs dem Abgrunde hinzog; von hier geriethen wir nun in eine fast ebene Waldstrecke, und nach Verlauf von dreien Stunden, in denen wir ununterbrochen gekeucht und gestöhnt hatten, fanden wir endlich zu unserer größten Freude wieder einen Waldweg, der uns auch wirklich bald zu einer einsamen kleinen Hütte führte. Die Frau eines Bergmannes, die hier wohnte, war verwundert, uns von dort kommen zu sehen; sie erquickte uns mit Brod und Butter, das wir im Freien genossen. Das rechte Steigen, sagte sie, fängt erst von hier bis zum Ochsenkopf hinauf an. Ich machte mich seufzend auf den Marsch, sah aber bald, daß die gute Frau nicht mit bei unserer bisherigen Wanderschaft gewesen war, denn ob es gleich beschwerlich ausfiel, so war alles doch nur Kinderei gegen das, was wir überstanden hatten. Ich legte mich oben nieder, wieder auszuruhen, und weiß nicht, was man von so hohen Orten sieht, als eine tüchtige Strecke Luft und ein weitläuftiges Nichts, in dem hie und da einzelne Stifte von Kirchthürmen, oder ein

Fleckchen, was eine entfernte Stadt ist, hervor schimmert. Wir kletterten dann nach Bischoffsgrün hinunter, und ich war froh, wieder unter Menschen und in die Ebene zu gerathen.

Karl Immermann
Falsche Wege

Sie reisen um zu reisen. Sie wollen der Qual des Einerlei entfliehen, Neues sehen, gleichviel was? sich zerstreuen, obgleich sie eigentlich nicht gesammelt waren. Ist diese Wanderlust zu schelten? Auch nicht. Sie ist natürlich und zum Teil wenigstens Nachwirkung der politischen Stürme. Napoleon hat die Völker einst zueinander spazieren geführt, das mußte aufhören, die Reisen der Einzelnen sind aber gewissermaßen die leisen äußersten Kreise der einst so gewaltig im Mittelpunkte erregten Flut. Ich muß überhaupt hier bemerken, was für viele Stellen meiner Schilderung gilt. Montaignes Spruch soll mir auch zustatten kommen: Ich will nicht belehren, ich erzähle.

Die Folgen der Reisemode erzähle ich denn so. Man hat wohl gesagt, daß in der Fremde das Heimische dem Menschen doppelt teuer werde; indessen ist dies doch nur für kurze Zeit der Fall, und die eigentliche Wirkung häufig gewechselten Bodens bleibt doch die in steigender Progression fortschreitende Neigung zum Wechsel. Reisen erweitern wohl den Sinn, aber sie erkälten ihn auch; sie sind wie ein starkes Reizmittel, welches für den Augenblick eine große Erschütterung hervorbringt, die dann eine nur um so tiefere Erschöpfung der Kräfte nach sich zu ziehen pflegt. Man sollte Reisen immer nur als Belohnungen sich verstatten, nur in der vollkommensten Harmonie mit sich und seinen Umgebungen darf der Scheidende ein Pfand der Versicherung sehen, daß den Rückkehrenden das Haus nicht unlustig ermüden werde. Sie als Mittel der Herstellung von Verstimmungen und Zerwürfnissen zu betrachten, ist sehr bedenklich, meistenteils brechen die Schäden nachher nur noch gefährlicher auf.

Man muß sich wundern, daß noch keiner unserer Novellisten den Charakter des Reisenden schlechthin, des reinen Reisenden aufgefaßt, die Situationen, welche er veranlaßt, ergriffen hat. Der Reisende ist durchaus Egoist, die Begegnenden sind ihm Mittel zu seinen Zwecken. Weil nun aber die Selbstsucht, unverhüllt, einen gar zu schlechten Anblick gewährt, so wird unterwegs eine Art von Scheidemünze der Empfindung ausgegeben, es wird ein gewisser Anteil an den Zuständen, über welche der rasche Fuß hinstreift, ein Eingehen in die Verhältnisse der Gastfreunde dargelegt, wovon das Herz nichts weiß. Wer seinen Worten keine Konsequenz zu geben braucht, kann leicht zartsinnig, großmütig, die Billigkeit selbst sein. Deshalb stellen Reisende oft die gewöhnlichen Umgebungen in benachteiligenden Schatten, das hingeworfene Wort des Vorübergleitenden wird nicht selten zum stillen Samen der Verwirrung. Man sollte daher gegen niemand mit seinen Äußerungen vorsichtiger sein, als gegen den Wanderer, denn jedes Zutraun ist wie des Gärtners Werk. Soll die Pflanze grün aufgehen, so muß der Boden haften in den ihr Keim gesenkt wurde.

Alle Nachteile des modernen Reisens verschwinden übrigens, wenn ein bestimmter Zweck sich damit verbindet. Dann wird es eine heitere Arbeit, die den Menschen in sich zusammenhält, und ihm die Ruhe der Häuslichkeit sogar süßer macht. Es kann auch eigentlich nicht wohl anders, denn so sein. Welche bessere Natur verträgt wochen- oder monatelang fortgesetztes Vergnügen? Die Menschen sollten daher, wenn sie ihr Bündel schnüren, irgendeine Richtung ihrer Natur befragen, und dieser zu genügen, den Wanderplan entwerfen. Ich für meine Person habe mich immer sehr wohl dabei befunden, daß ich nie gereiset bin, nur um zu reisen, Erholung nur in einem bunten Allerlei zu suchen, sondern die Vollendung einer Arbeit, ein Studium, eine Erkundung im Auge zu haben pflegte. Man verliert dann zwischen den fremden Wänden nicht das Gefühl des Daheimseins, Heimat und Fremde fallen nicht auseinander, sondern werden durch einen zarten Faden verknüpft.

Joseph Roth
Wie gemalt

Am Ende der Stadt aber, wo, wie ich gehört habe, die Natur beginnen soll, ist nicht *sie* da, sondern die Lesebuch-Natur. Ich glaube, auch über die Natur ist zu viel schon gedruckt worden, als daß sie hätte bleiben können, was sie gewesen ist. An ihrer Stelle steht, breitet sich in der Umgebung der Städte die Begriff-Natur, der Naturbegriff, aus. Eine Frau, die am Waldrand einen zur Vorsicht für alle Fälle mitgenommenen Regenschirm vor die Augen hält, weitebetrachtend auf einen Fleck stößt, der ihr aus einem Wandgemälde bekannt vorkommt, ruft aus: »Wie gemalt!« Das ist die Unterstellung eines feststehenden eng umgrenzten, wohl beschriebenen Begriffs von der Natur als Malermodell. Die Unterstellung ist nicht so selten. Denn auch unser Verhältnis zur Natur ist ein unwahres geworden. Sie hat nämlich einen Zweck bekommen. Ihre Lebensaufgabe ist unser Amüsement. Sie besteht nicht mehr ihretwegen. Sie besteht eines Zweckes wegen. Sie hat im Sommer Wälder, in denen man schlummern kann, Seen zum Rudern, Wiesen zum Abgebranntwerden, Sonnenuntergänge zum Entzücken, Berge für die Touristik und Schönheiten für den Fremdenverkehr. Sie kam in den Baedeker.

Aber, was ich sehe, kam nicht in den Baedeker. Was ich sehe, ist das unerwartete plötzliche, ganz grundlose Auf- und Abschwingen einer Mückenschar um einen Baumstamm. Der Schattenriß eines holzbeladenen Menschen auf dem Wiesenpfad. Die dünne Physiognomie eines Jasminzweiges, über den Gartenmauerrand gelehnt. Das Verzittern einer fremden Kinderstimme in der Luft. Die unhörbare schlafende Melodie eines fernen, vielleicht sogar unwirklichen Lebens.

Menschen, die ich zum Naturgenuß wandern sehe, begreife ich nicht. Der Wald ist keine Diele. »Erholung« ist keine Notwendigkeit, wenn sie das bewußte Ziel des Wanderers ist. Die »Natur« ist keine Einrichtung.

Der Westeuropäer wandert in die »Natur« hinaus, wie er zu einem Kostümfest geht. Er hat ein Lodenjoppenverhältnis zur Natur. Ich sah Männer wandern, die Buchhalter sind. Sie brauchten keine Stöcke. Der Boden ist so eben und sanft, daß ein mäßiger Federhalter genügen würde. Er sieht aber nicht, der Mensch, den sanften, ebenen Boden. Er sieht »Natur«. Wenn er segeln wollte, so würde er vermutlich einen weißen Anzug aus Rohseide tragen, Erbstück seines Großvaters, der auch segelte. Er hört nicht den Plätscherklang der Welle und weiß nicht, daß wichtig das Zerplatzen einer Wasserblase ist. An dem Tage, an dem die Natur ein Kurort wurde, war's aus.

Infolge aller dieser Tatsachen ist mein Spaziergang der eines Griesgrams und vollständig verfehlt.

Otto Flake
Lob des Autos

Es gibt noch immer Leute, die dem Auto nicht hold sind. Gelegentlich gehören wir alle dazu, wenn wir nämlich nicht darinsitzen. Aber warum sollten wir das nicht tun? Haben wir nicht selbst eines, so haben wir doch Freunde, die uns mitnehmen.

Gerade rekelt man sich im Balkonstuhl und weiß nicht recht, wie die Stunde vor dem Abendessen hinbringen. Das Buch, das die Zeit vertreiben soll, ist wieder einmal ein dummer Schmöker – da vernimmt man ein Hupen, schaut hinaus und erblickt die Freunde: »Geschwind, wir wollen dich mitnehmen und vor Tisch noch rasch fünfzig Kilometer machen.«

Wie hübsch von den Freunden. Man hat alle Vorteile ihres Autos, ohne die Nachteile in Kauf nehmen zu müssen. Garage,

Steuern, Reparaturen gehen dich nichts an, du bist Gast und brauchst nichts zu tun, als der Frau des Besitzers die Hand zu küssen.

Es ist erstaunlich, wie weit man in einer halben Stunde vorstoßen kann – zu Fuß wäre es ein Tagesmarsch. Dank dem Wagen erweitert sich der tägliche Lebensraum. Ohne Auto lebt man in einem Kreis, dessen Radius höchstens fünf Kilometer beträgt – mit Auto kann man ihn auf das Fünffache ansetzen: ich spreche jetzt nur von den kleinen Spazierfahrten.

Ich wohne, um ein Beispiel zu geben, in Baden-Baden. Zu Fuß gelange ich nie über Oos, die Yburg, Geroldsau, den Merkur, Ebersteinburg hinaus. Das ist, man muß es gestehen, ein recht behaglicher Lebensraum. Aber welche Bereicherung, ihn ohne Zeitverlust so auszudehnen, daß die Ebene um Rastatt und die Höhen zwischen Bühl und Herrenalb einbezogen sind.

In diesem Kreise liegt, was immer man wünschen kann: Favorite, das verträumteste und reinste aller Rokokoschlößchen; die gartenhafte Steppe mit wehenden Gräsern und kühlen Wäldern; der Rhein, den Pappeln und ein Leinpfad säumen, Rohrdommel und Reiher sind deine Badegefährten; Hügelsheim, ein Spargeldorf, wo es altfränkische Eierkuchen gibt; Rauhmünzach im Murgtal, in den Namen allein kann man sich verlieben.

Es ist wahr, man erwandert sich die Natur nicht mehr, und eine Fahrt in sie hat eine gewisse Ähnlichkeit mit dem Gang ins Theater: man sitzt vor einer Bühne und läßt sich ein Schauspiel vorführen. Auch bestimmte Gefühlslagen, die sich dem wandernden Menschen erschlossen, sind verlorengegangen. Die Welt versinkt nicht mehr hinter dir, die Märchenstimmung, rückwärts aus der Zeit herauszugehen, wird sich nie mehr einstellen.

Man braucht nur die Märchen Hauffs zu lesen, um zu empfinden, wie verzaubert, wie unheimlich, wie phantastisch noch vor hundert und einigen Jahren die Worte Schwarzwald oder Spessart klangen: es gab noch Flößer, noch Glasspinner, noch Kohlenbrenner – sogar Räuber gab es noch. Vorbei; unsere Mittelgebirge, aus denen zur Zeit der Epen die Volksseele alle

Schauer des Mythos zog, sind endgültig kleine, bescheidene Landschaft geworden.

Die Handwerksburschen, denen man begegnet, tragen nicht mehr die blaue Blume im Knopfloch, sondern die Karte des stempelnden Arbeitsamtes in der Tasche. Zwar stehen noch überall unter Linde und Holunder, hinter den Bauerngärten mit Malve und Flox, die trauten Häuschen der kleinen Städte. Aber die, die Bescheid wissen, werden euch sagen, daß es sittenhaft, soziologisch, keine kleinen Orte mehr gibt. Da ist alles in das Netz von Kredit und Konsum gezogen: die Milch geht in die Molkereigenossenschaft, der Holzhändler ist der Bank verschuldet und der Wirt der Brauerei.

Wer feine Nerven hat – und auch der Mann im Auto sollte sie haben –, fühlt, daß die lieben Häuschen, die Türme und Tore Attrappen sind, die beim Abbruch einer Zeit vergessen wurden. Der Mann im Auto wird also den Vorzug seiner Maschine nicht darin finden, daß sie ihm erlaubt, in einer Romantik zu schwelgen, die nicht mehr zeitgemäß ist. Sie wäre ebenso unangebracht, wie wenn er sich zu Hause mit Biedermeiermöbeln einrichtete.

Romantik hält sich an das einzelne. Sie sucht das Versteckte, das Ornament, die Arabeske, das Kuriose und Besondere. Wenn man mit achtzig Kilometern in der Stunde dahinfährt, ist nicht mehr Zeit für die Pflege der Einzelheit. Ganz logisch ergibt sich aus dieser Überlegung, was das Auto bieten kann: den großen Überblick, die Zusammenfassung.

Ich bin im Oberelsaß aufgewachsen und kenne gewiß die meisten Örtlichkeiten. Aber erst neulich, als ich im Auto den Bezirk, der heute Haut-Rhin heißt, durchfuhr, schloß er sich vor meinem geistigen Auge zu einer packenden Einheit zusammen: die Vogesen von Drei-Ähren bis zum Hartmannsweilerkopf, der grünende Sundgau mit seinen Wäldern und Arbeiterkolonien, die Flüsse und Kanäle, die Reichsstädtchen und Festungen, die Wiesenebene und die Rebhügel.

Und, stärker als nach Fußwanderungen, auch das Licht, der Himmel, die Wolken stehen nun vor dem inneren Auge: erst so bildet sich der dreidimensionale Raum.

Bald darauf machte ich eine Autotour von tausend Kilometern durch einen Teil der Schweiz, Basel, Luzern, Brünig, Grimsel, Rhonegletscher, oberes und mittleres Rhonetal, Montreux, Lausanne, die Juraseen, die Rheinebene bis Baden-Baden waren die Etappen, und den zärtlichen Abschluß bildete, in Erwartung des Abendessens, der nächtliche Gang um das Freiburger Münster.

Was hatten wir alles in kaum mehr als zwei Tagen gesehen: Ebene, Vorland, starrendes Hochgebirge und die Wüste der Gletscher; die schwarzen Holzbauten der Walliser und die heitere Hotellerie der Seebewohner; die harmonische Dreieinigkeit der Dent du Midi und die wildere der Riesen im Berner Oberland, als wir über die grüne Fläche des Neuenburger Sees zu der Kette sahen, die sich ein paar Stunden lang im Osten entrollte.

Und wir haben das in einem Zuge gesehen – *universale* Eindrücke vermittelt das Auto. Bald nach Lausanne kam Echallens; zwischen uns und dem langhinstreichenden Jura lag unten die Ebene; wir verstanden, daß es in ihr berühmte Schlachtennamen gab, hier waren die Ritter von Burgund und die Bauern des Mittellandes zusammengestoßen.

Anschauung vermittelt das Auto. Geologie, Klimalehre, Siedlungskunde, Trachten, Sprache – wer ein wenig Sinn für diese Dinge hat, wird auf sie gelenkt, und wenn er will, kann er sich auch heute noch, erst recht heute, mit Goetheschen Augen in Aufbau und Abwandlung versenken.

Nie habe ich den Schweizer Charakter so gut begriffen, wie an dem Vorabend, als wir durch den vorderen Jura in die Eidgenossenschaft hineinfuhren: welche Sauberkeit, welche Ordnung. Baden war ein Garten gewesen, aber die Schweiz erschien uns als eine Mustersiedlung der pflegenden Hand.

Man muß natürlich im offenen Auto fahren. Im geschlossenen sieht man weniger als im Zug. Man darf schnell fahren, aber nicht zu kurz in den Städtchen verweilen. Eine Viertelstunde genügt, um durch die alten Gassen zu gehen. Wie entzückend war Yverdon; ich bestand darauf, den Gefährten das mit Buchs bewachsene Brünnchen auf dem Vorstadtboulevard zu zeigen.

Gut ist es, sich ein wenig vorzubereiten; einer der Gesellschaft soll wenigstens wissen, daß in Solothurn der Sitz der französischen Ambassadoren bei den Kantonen war und Casanova in dem Hotel wohnte, worin wir den Tee nahmen.

In Leukerbad muß man nicht nur zu Mittag essen, sondern auch in das Badehaus gehen, wo sich in den Jahrhunderten nichts an den Sitten geändert hat: man frühstückt im Wasser an schwimmenden Tischchen. Das Quellhaus dampft – wie kommt eine Quelle von 52 Grad in solche Höhe, mitten im Massiv des Gebirgsstockes?

Auch im Pferdewagen mag man gelegentlich eine Stunde durch die nächtliche Landschaft fahren. Aber was ist das, verglichen mit der Möglichkeit, über eine ganze Ebene um Mitternacht zu gleiten?

Der Städter weiß nicht, wie schwarz die Dunkelheit sein kann, wie ein Wald in der Finsternis rauscht, wie nächtliches Getreide duftet. Und so, unter der Milchstraße dahinrollend, gelangen wir doch noch zur Romantik.

Vollends eichendorffisch wird sie, wenn man in der Dämmerung eines Sommermorgens in die heimische Stadt zurückkehrt. Das Zifferblatt der Uhr am Bahnhof zeigt die fünfte Stunde. Der Bahnhof ist geschlossen, die Straßen liegen still, die Häuser sind weiß, die Rosen in den Vorgärten leuchten und die Welt ist jung wie der Tag, der da eben geboren wird.

Kurt Tucholsky
Über Naturauffassung

Ein Mann aus den Pyrenäen sagt zu einem Freund: » Sehen Sie – hier hat sich alles verändert! Die Sache ist ruiniert, es ist aus! Seit man vor zweiundvierzig Jahren die großen Landstraßen ins Gebirge gelegt hat...« Der Satz, im Jahre 1788 gesprochen, ist alt wie die Welt. Der Mann beklagte, was Henri Béraldi in seinem Werk ›Hundert Jahre in den Pyrenäen‹ »La vulgarisation« nennt – und dies Lamento reißt nicht ab. Seit den Eisenbahnen ... seit der Erfindung des Autos ... jede Generation glaubt, nun sei es mit der Gemütlichkeit und mit der Naturbewunderung ein für allemal vorbei.

Das macht, sie fühlen den endlosen Wechsel, in dem die jungen Leute die Natur anders sehen als ihre Väter, und die tun nun so, als verständen die Jungen von der Welt überhaupt nichts mehr. »Da bin ich seinerzeit gewesen, als es noch keine Zahnradbahn gab ...« Na und? Dann hast du eben einen anderen Eindruck gehabt als wir – nicht immer einen bessern.

Man kann wohl nicht aus seiner Zeit heraushüpfen, und so sind denn die Menschen meisthin felsenfest davon überzeugt, daß man die Natur immer so angesehen habe, wie sie es tun, daß man sie auch gar nicht anders ansehen könne und daß der ein verstockter Tropf und Modegeck sei, der es auf eine andere Art versuche. Die Erde hält gutwillig still, wenn die Reisenden über sie dahinklettern, und es ist ihr gleichgültig, wie man sie anschaut. Schilderungen sind auch für den Schilderer charakteristisch.

Wie lange ist es her, daß den Menschen die Augen für die Schönheit des Meeres aufgegangen sind? Wie lange werden sie das Meer noch so ansingen?

Die Liebe zu den Bergen jedenfalls ist noch gar nicht alt.

Die Griechen waren Leute, die die Ebene brauchten und das Gebirge mieden – eine ästhetische Wertschätzung der Berge findet sich bei ihnen nicht. Die Lateiner liebten das Gebirge kaum – aber sie besiegten es, weil sie es besiegen mußten. Das junge Christentum hat seine Einsiedler in die Berge geschickt, und die Berge, das war: Einsamkeit, Stille, etwas Negatives. Schüchtern näherte sich der Pilger der wundertätigen Quelle im Gebirge – die Berge ringsherum waren ihm nicht freundlich gesinnt, sie drohten. Er betete gegen sie.

In der Renaissance wurde das Gebirge entdeckt: die Schweizer, berggewohnt, im Gebirge geboren, erzogen, gealtert, begannen die seltsame Mär in die Welt zu setzen, daß Berge schön seien. Konrad Gesner (nicht Salomon, der Idylliker), stand erst ganz allein auf den Bergkuppen und rief die andern herbei, die wohl oft ein Gebirge durchquert, es aber niemals so angesehen hatten, wie man eine Statue ansieht. Das sechzehnte Jahrhundert rühmte die hohen Berge, und liebte sie, zum mindesten platonisch. Das siebzehnte liebte sie durchaus nicht. Der sauber gezirkelte Naturgeschmack, der die Natur rational zu überwinden trachtete, der Bäume in Formen preßte und den Erdboden in ein künstliches System, jener Geschmack, der allem Wilden abhold war, verachtete das Gebirge. »Das ist etwas für Bergbewohner!« war eine Beleidigung. Die Berge störten das geregelte Landschaftsbild der Ebene, die man so schön aufteilen konnte; über die Höhen und Felsen fiel die Literatur fast einstimmig her. Die reichen Leute ließen sich ihre Schlösser da anlegen, wo die Mode die schönsten Plätze fixierte: also in der Ebene, im langweiligsten Plattland, nur nicht im Gebirge. Aus dem Garten konnte man ›etwas machen‹, die Berge ließen sich das nicht gefallen. Und es war doch der Mensch, der die Natur zu beherrschen hatte! ›Von der gesunden Luft zu Rostock‹ heißt eine Dissertation, die noch aus diesen Anschauungen heraus im Jahre 1705 gedruckt worden ist, und es war durchaus kein Konkurrenzneid, wenn es dort von der Gebirgsluft in der Schweiz und in Tirol hieß, sie mache die Menschen schwachsinnig. Die Berge ... das war eine grobe Sache, pfui! Sie fügten sich in kein ästhetisches System ein, unübersichtlich und frech lagen sie da, roh, unbehauen – da war keine Klarheit und keine Vernunft. Das Achtzehnte machte alles wieder gut.

Seitdem sind viele Theorien des Schönen über das Gebirge gegangen; hier sind schon so viele Melodien gesungen worden, aber die Bewunderung war doch immer der Unterton. Das Romantische, das Malerische, das Sentimentale, das Heroische, das Idyllische – so viel Bilder, so viel Hymnen, so viel Beschreibungen, so viel Verzückte.

Und nun stellt sich vor diese Dekoration, deren Soffitten man so oft ausgewechselt hat, ein Kerl mit einem kräftigen Stock, mit benagelten Stiefeln, mit wolligem Sweater und treibt Sport! und das ist etwas ganz Neues. Mühen um ihrer selbst willen zu unternehmen; hinaufzuklettern, nicht um oben ein Liedchen zu singen, sondern nur und lediglich, um zu klettern; Kampf, Niederlage, Wiederanstrengung und Sieg –: das ist das neunzehnte Jahrhundert. Die Zeit der Ideen scheint für die Wandrer bis auf weiteres vorüber – es ist die Zeit der Tat.

Weil aber trotzdem der Wandervogel gern im Rucksack den gesamten Kosmos mit sich trägt, ist es vielleicht nicht unbescheiden, daran zu erinnern, daß auch der Wandrer nicht verpflichtet ist, so und nicht anders zu fühlen, wenn er eine sanfte, von der Sonne beschienene Böschung sieht. Da ist vor allem jener fatale Gegensatz von Automann und Fußwandrer. Einer lacht den andern aus, und sie sagen sich gegenseitig nach, daß man so natürlich nichts von einem Lande habe. Ich glaube: beide haben unrecht. Es ist da etwas wie eine Breite der Bewegung in die Reisen gekommen, und das geht auf Kosten der alten Intensität – schafft aber ein völlig neues Lebensgefühl. Ich habe das einmal vor Bourg-Madame, an der spanischen Grenze, zu spüren bekommen: das eine Mal polterte ein Überlandauto mit mir die große Straße herunter, und das zweite Mal bin ich gegangen. Es war jedesmal eine andere Allee.

Die grünen Blätter, die einem entgegengeweht kommen; streifende Zweige; das unermüdliche Brummen des Wagens; der Takt des Motors; der Blick, der schon aus Langerweile weit in die Landschaft hineinsieht und den Horizont absucht; Felder, die sich fächerartig vorbeidrehen, keine Einzelheiten, viel, wenn möglich alles –: das ist das eine. Die Erde unter den Füßen fühlen; ein Steinchen mit der Fußspitze beiseite schleudern; ein Blatt im Gehen abreißen; stehenbleiben und sehen, was denn da im Bach herumkreiselt; aus dem Bach trinken; an die Häuser herangehen und sie mit den Händen befassen, kennst du diesen Stein? nicht so sehr die Weite kontrollieren als genau die kleine Umwelt –: das ist das andere. Müßt ihr immer Vereine bilden –?

Natürlich sieht der Fußwandrer quantitativ weniger. »Die Landschaft im Auto – das ist das, was man sieht, wenn man den

Wagen aus dringlichen Gründen halten läßt.« Nun, dies Wort wäre auch sehr hübsch, wenns wahr wäre. Da haben sie einmal einen berliner Generaldirektor vom Film fotografiert, durch zwei Büsche hindurch, grade, als er das Auto aus diesen Gründen hatte halten lassen. Ich habe das Bildchen gesehen, und es ist eines der schönsten menschlichen Dokumente, das sich denken läßt. Endlich, endlich einmal die Fotografie eines, der mit sich allein ist! Die Ansicht ist durchaus dezent, das war Zufall, der Generaldirektor saß im Grünen wie ein Osterhase und machte so ein Gesicht ... »Ich freue mich, daß ich hier sitze, und übrigens ist es ein gedeihliches Werk.« Dies nebenbei.

Die Poesie des Wanderns ...! Vielleicht kommt es eines Tages dazu, daß die nachtdunkeln Felder, Wälder, Berge und Täler von Zentralflammen beleuchtet sind, daß man sich in ihnen bewegt wie auf dem Broadway und daß kein Mensch mehr auf den Gedanken verfällt, darin zu wandern – so wie man ja auch in einer großen Stadt und auf den Chausseen nicht gern marschiert. Wozu auch? Die Fahrt ist nicht nur bequemer, sondern gibt erst den wahren Reiz der künstlichen Landschaft.

Was nun die schwellenden Schilderungen der Sonnenuntergänge betrifft, der Wassersturzbäche und des Felsengerölls, so habe ich immer das Empfinden, als langweilte man sich dabei rechtens zu Tode. Ich wenigstens überschlage solche Absätze in einem Buch stets, und es muß wohl schon ein sehr großer Stilist sein, wie etwa Stifter, der eine Landschaft nicht abmalt, sondern neu schafft. Heute, aus unserer Autozeit heraus ... Drei Viertel aller Naturbeschreibungen sind auf Vergleichen aufgebaut, und ich habe es wirklich satt, zu hören, daß die Mondscheibe wie eine ... und der feine Sprühregen wie ein ... anzusehen war. Vergleiche sind meistens Ausflüchte, und für den, der nicht dabei war, sagt das Ganze sowieso nicht viel. Dazu kommt noch ein andres.

Welcher Reisende hat denn den Mut, zu sagen, was ja so oft die Wahrheit ist:

daß die Landschaft *leer* war, leer wie eine aufgemalte einfarbige Fläche –!

Man sagte ihm Empfindungslosigkeit nach, befürchtete er – Stumpfheit, Mangel an Poesie, an Gefühl, an Frömmigkeit, was weiß ich. Aber es war doch so.

Sieht man von Spezialanschauungen ab: von dem geübten Blick eines Skifahrers, der keine Natur, sondern Gelände sieht, vom harten Auge des Bauern, der keine Natur, sondern Nutzland sieht, vom MG-Schützen, der keine Natur, sondern Schußfeld sieht – es ist ja in den allermeisten Fällen nicht wahr, daß der Reisende, frisch aus der Eisenbahn, mehr zustande bringt als eine Dreiminutenverzückung, die etwa auf demselben Niveau liegt wie die bunten Glasscheiben, die man auf altmodischen Aussichtstürmen antrifft und die dem Abgestumpften die Natur wenigstens einigermaßen erträglich machen sollen. »Die Natur ist niemals leer.« Sie haben noch eine Linse im Bart, Herr. Wer dreißig Jahre Asphalt tritt, wer in Steinmauern aufwächst und fast das ganze Jahr nichts andres sieht, für wen es keine Dämmerung gibt, sondern nur dunkel wird, wer nicht angeben kann, was am vorigen Montag für Wetter war – für den ist die Natur nicht leicht zu erobern. Wenn er sich nichts vormacht, bedeutet sie: gute Luft, Ruhe, Ausspannung, keine Stadt. Lade das große Publikum, und besonders seine Beauftragten, die Literaturlieferanten, um zwei Uhr aus dem Auto –: und um drei Viertel drei hast du einen Hymnus auf den Busen der Natur, daß die angst und bange wird. Wir wollen ehrlich sein –: wir haben uns schon oft im Freien gelangweilt.

Und daher kann ich auch nicht solche Beschreibungen von den Pyrenäen geben, in denen es nur so braust von ungewöhnlichen Adjektiven – denn ich habe das nicht empfunden. Die Höhepunkte lagen auf dieser Reise, wie bei allen Menschen, die unter denselben Lebensbedingungen aufgewachsen sind wie ich, sehr oft in kleinen Nebenumständen, im Wohlbefinden an einem sonnenbeglänzten Nachmittag, in dem Geschrei von Gänsen, das sich anhörte, wie wenn sie sich selbst ironisch nachahmten; in dem Drum und Dran von ländlicher Arbeit, die ich nicht mitzutun gezwungen war, deren Anblick mir also für die erste Zeit Vergnügen bereitete; in der Freude, in den Bergen zu sein, wo keine Elektrischen fahren, keine Zeitungsausrufer brüllen, keine Schutzleute stehen. Und manchmal ... drei-, vier-, fünfmal –: mehr.

Sind die Amerikaner nicht ehrlicher –? Ihre Stumpfheit, die mich genau so reizt wie jeden andern Europäer ... Aber sie heucheln wenigstens keine innere Anteilnahme. Sie stören ein bißchen, genau wie manche Engländerinnen, die wie ein albernes Reklameschild die Landschaft verschandeln. Vor hundert Jahren hat sich George Sand über sie gegiftet und gefragt: »Wozu reisen diese Leute eigentlich –?« Das ist ihre Sache.

Es gibt keine richtige Art, die Natur zu sehen. Es gibt hundert. Es gibt für einen Menschen nicht nur eine richtige Art, zu reisen; es gibt einige, die grade ihm adäquater sind als andere. Das ist alles.

Wind, der ins Gesicht schlägt, Rausch der Schnelligkeit, die Hupe, die die Straße zerteilt, durch einen Wagenpark hindurchschießen – auch dies ist Reisen.

Auf einem Esel sitzen, Stufe vor Stufe einen Berg heraufwackeln, das nasse Fell des Tieres mitleidsvoll von oben ansehn, aber nicht absteigen, Blumen am Wege betrachten und zwei Ohren, die sich ab und zu hochstellen und nach hinten legen, wenn etwas Außergewöhnliches herankommt, langsam die Gegend passieren, ohne sich anzustrengen –: auch dies ist Reisen.

Wandern, sich abmühen, klettern, rutschen, klimmen, herausholen, was in einem Körper drin steckt –: auch dies ist Reisen.

»Jeder versteht nur seine eigene Poesie.« Jede Zeit versteht nur ihre eigene Naturauffassung. Der ist reich, der viele hat.

Günter Eich
Alpinismus

Unser Land (our country) wird durch Berge gerechtfertigt. Obwohl sie ein Unfug sind. Tausend Meter von der Talsohle, was ist das schon. Eine Viertelstunde zu Fuß, die zweite Dimension gibt die richtigen Maßstäbe, in die Höhe ist alles unordentlich. Man steigt hinauf, immer in der Direttissima, um zu sehen, was da verborgen ist. Ein raffiniertes Versteck.

Eine Zeitlang bevorzugte ich den Tristkopf, wegen des Namens. Eine melierte Aussicht, das Dach der neuen Strumpffabrik, farbloses Edelweiß und Kreuzotterzischen. Ist eins davon entscheidend oder alles zusammen? Man begreift es nicht. Auch durch das Fernglas werden nur andere Alpinisten auf anderen Zacken enthüllt. Sie sind besser gestellt, sie sehen auch den Tristkopf.

Zum Bergsteigen gehört eine Beimischung von muskulösem Stumpfsinn, die mir zum Glück eigen ist. Teilen wir den andern das Panorama zu. Hier oben hat man reine Gedanken. Die wichtigen entstehen im Tal und in der Ebene, womöglich bei schlechten Winden. Hier raucht man ohne Reue, keine Tapeten, die den Geruch halten. Man kann sich beliebig an San Francisco oder Lemberg erinnern und die Aussicht einfach weglassen, – man hat jede Freiheit. Ja, auf den Bergen wohnt sie, aber niemand bleibt oben, das ist der Fehler, wir sind alle heruntergekommen.

WO DIE WEGE ENDEN: FORT-SCHRITTE

Robert Walser
Kritik des Autos

Leuten, die in einem sausenden, staubaufwerfenden Automobil sitzen, zeige ich immer mein böses und hartes Gesicht, und sie verdienen auch kein besseres. Sie denken dann, daß ich ein Aufpasser und Polizist in Zivil sei, von hohen Obrigkeiten und Behörden beauftragt, auf das Fahren aufzupassen, mir die Nummer des Fahrzeugs zu merken und solche später zu hinterbringen. Ich schaue da stets finster auf die Räder, aufs Ganze und nie auf die Insassen, welche ich verachte und zwar keineswegs persönlich, sondern rein grundsätzlich; denn ich begreife nicht und werde niemals begreifen, daß es ein Vergnügen sein kann, so an allen Gebilden, Gegenständen, die unsere schöne Erde aufweist, vorüberzurasen, als wenn man toll geworden sei und rennen müsse, um nicht elend zu verzweifeln. In der Tat liebe ich die Ruhe und alles Ruhende. Ich liebe Sparsamkeit und Mäßigkeit und bin allem Gehetz und Gehast im tiefsten Innern in Gottes Namen abhold. Mehr als was wahr ist, brauche ich nicht zu sagen. Und wegen dieser Worte wird das Automobilfahren sicher nicht einmal aufhören nebst luftverderbendem üblem Geruch, den sicherlich niemand besonders hochschätzt und liebt. Es wäre widernatürlich, wenn jemandes Nase lieben und mit Freuden einziehen würde, was für jede rechte Menschennase manchmal, je nachdem man vielleicht gelaunt ist, empörend und abscheuerweckend ist. Schluß und nichts für ungut. Und nun weiterspaziert! Himmlisch schön und gut und uralt einfach ist es ja, zu Fuß zu gehen. Anzunehmen ist, daß das Schuhwerk und Stiefelzeug in Ordnung ist.

Otto Flake
Abschied von der Stille

Wir gehen von Sasbachwalden nach Obersasbach; wir wollen das Denkmal Turennes besuchen. Es ist ein Gang durch Wäldchen von Edelkastanien; dieser Baum verleiht den Hügeln, die vom Schwarzwald zur Ebene hinabsteigen, ihr Gepräge; drüben im Elsaß ist es genau so.

Die Kastanienwäldchen wechseln mit Rebäckern ab. Aus einer Bodenfalte steigt, einem behelmten Taucher gleich, der Bauer, der die Weinstöcke mit kupfergrüner Patina überzieht. Ein Kind, das bei uns ist, sieht den Mann, der den Behälter auf dem Rücken trägt, und aus dem Schlauch, der ihm unter dem Arm durchgeht, die giftige Farbe spritzt, fassungslos an, als sei er das Grünspanmännchen selbst, ein Bruder Pans.

Er nickt freundlich, und was er sagt, ist reinstes Alemannisch. Wie sollte es auch anders sein – drüben steht im Mittagsdunst das Straßburger Münster, und der helle Streifen ist der Rhein. Nachts sieht man die Lichter des Kehler Hafens, und durch die Milchstraße huschen die Scheinwerfer der Franzosen; man könnte glauben, sie seien im Großen Bären montiert und dessen Sterne die Forts eines westlichen Befestigungssystems.

Aber jetzt ist hoher Tag, der Kranz der Dörfer in der Rheinebene läutet; es kann elf sein oder zwölf, man muß auf den Kanonenschuß achten, der um Mittag aus den Wäldern dort um Hagenau kommt. Wir haben die Ebene erreicht und schreiten auf dem weiß hinfegenden Band einer Landstraße dahin. Das Band raucht, verwandelt sich in ein laufendes Feuer: es ist der Staub von vielen trockenen Wochen, den die Autos aufwerfen. Eines überholt uns, ein anderes kommt uns entgegen; wie zwei Präriebrände bewegen sie sich auf einander zu.

Die lavendelblauen Sterne des Wegwarts am Straßenrand, die Buchenhecken dahinter, die Pflaumenbäume weiter zurück sind grau; Staubfänger sind sie und schützen doch schon längst nicht mehr die Vorgärten, in denen Malven, Dahlien, Rosen blühen.

Die Staubkanonade dauert den ganzen Tag und die halbe Nacht. Fruchtbar, schön und freundlich ist die Landschaft, ein Garten, den man lieben muß, aber eines fehlt ihm heute, was ihn erst zum rechten, frohen Garten macht: die Ruhe, der Friede und die Stille.

Die hat ihm der Verkehr geraubt, hier, vielerorts, fast allenthalben. Benommen starrt man auf diesen Staub, der Schwaden in die Augen, Nasen, Ohren wirft und höllisch nach den Dünsten der großen Maschinen riecht. Was helfe schimpfen – man kann nur noch philosophisch reden: es ist eine Antinomie, die sich nicht lösen läßt. Oder doch! In Sasbachwalden hat man den ganzen Zug der Dorfstraße von einem Ende bis zum andern mit einer Decke von Schotter und Teer überzogen. Gegen den Lärm und den Dunst hilft sie nichts, wohl aber gegen den Staub.

Der Mensch ist Optimist und Illusionist, aus Not. Kaum haben wir einen Seitenweg erreicht, nur zwanzig Meter von dem laufenden Brand entfernt, so sind wir schon wieder bereit, das Beglückende dieser badischen Landschaft zu preisen, deren Reiz, Wesen und Geheimnis darin besteht, daß sie die mühelose Fruchtbarkeit so selbstverständlich mit diskreter Unauffälligkeit verbindet. Es gibt Landschaften, die sich wie die Pfauen spreizen und wie prunkvolle Kulissen dastehen: diese hier ist; sie öffnet sich dem, der das Verständnis des Liebenden mitbringt.

Sie ist nicht groß, und auch nicht klein, es verbirgt sich in ihr die Rechtschaffenheit des gesunden Mittelwegs, der heitere Realismus eines Bauernstamms, der reich an erdgebundenem Vätersinn, aber arm an spirituellem Pathos ist. Das nützliche Kraut und die nicht sehr poetische Zwetschge wachsen um jeden Hof. Die Zwetschgen hängen heuer schwer, wie Tang in einer Strömung fließen die Äste abwärts und leisten Widerstand. Die blauen Früchte gehen in Extrazügen und sogar mit Flugzeugen in die Welt; in der Dämmerung des Morgens mit dem Rauhreif, der ihnen eigentümlich ist, gepflückt, glänzen sie am Abend auf den Obstschalen der Londoner Hotels.

(...)

Nach dem Nachtessen, es war noch hell, besichtigte ich den Marktplatz. Zur Zeit des Dreißigjährigen Krieges hatte ein starkes, wohlhabendes Geschlecht gegiebelte, vielstöckige, farbige, wahrhaft stattliche Häuser mit dem wuchtigen und zugleich heiteren Sinn des Barocks aufgereiht. An den Ecken, wo die bergansteigenden Gassen begannen, stießen Wirtshausaushängeschilder bis über den Fahrdamm vor, herrliche Schmiedeeisenarbeit, vergoldet und mit Figürchen besetzt.

Erker, gedeckte Treppchen, gemauerte Torbogen, geschnitzte Türen, Vordächer, Holzläden, Sparrenkreuzungen, Giebelluken, Winden ganz hoch oben und die gefalteten Flügel von Weinkellern ganz unten im Pflaster belegten die menschliche Erfindungskraft, die die Motive immer wieder aufs Überraschendste abwandelt.

Kein Rattern und kein Hupen störte den Frieden; der war für sechs, acht Stunden zurückgekehrt, eine etwas verlängerte Gespensterstunde, in der mir freistand, dem Geist zu begegnen, der diese reichsfreie Stadt geschaffen hatte. Noch vor dreißig Jahren wäre es möglich gewesen, daß ich, hierher verschlagen und von den Giebelhäusern entzückt, beschlossen hätte, hier wochenlang mit ihm umzugehen oder gar mich gänzlich niederzulassen, in stiller Zurückgezogenheit. Jedes Gefühl will Unendlichkeit; schreibe ihm seine Stunde vor, bemesse ihm die Frist, und es lahmt, es stirbt, es verwandelt sich aus einer Lebensmöglichkeit zu einem kurzen, flüchtigen Eindruck.

In der Natur, der Einsamkeit, der Stille, der Friedlichkeit zu leben, wird schwerer mit jedem Tag und in absehbarer Zeit eine Unmöglichkeit. Das scheint mir das Entscheidende zu sein, und deshalb sagte ich, daß tausend liebe Orte, an denen man sich noch vor einer Generation hätte niederlassen mögen, ausfallen und ihren Wert verlieren.

Theodor W. Adorno
Amerikanische Landschaften

Paysage. – Der Mangel der amerikanischen Landschaft ist nicht sowohl, wie die romantische Illusion es möchte, die Absenz historischer Erinnerungen, als daß in ihr die Hand keine Spur hinterlassen hat. Das bezieht sich nicht bloß auf das Fehlen von Äckern, die ungerodeten und oft buschwerkhaft niedrigen Wälder, sondern vor allem auf die Straßen. Diese sind allemal unvermittelt in die Landschaft gesprengt, und je glatter und breiter sie gelungen sind, um so beziehungsloser und gewalttätiger steht ihre schimmernde Bahn gegen die allzu wild verwachsene Umgebung. Sie tragen keinen Ausdruck. Wie sie keine Geh- und Räderspuren kennen, keine weichen Fußwege an ihrem Rande entlang als Übergang zur Vegetation, keine Seitenpfade ins Tal hinunter, so entraten sie des Milden, Sänftigenden, Uneckigen von Dingen, an denen Hände oder deren unmittelbare Werkzeuge das ihre getan haben. Es ist, als wäre niemand der Landschaft übers Haar gefahren. Sie ist ungetröstet und trostlos. Dem entspricht die Weise ihrer Wahrnehmung. Denn was das eilende Auge bloß im Auto gesehen hat, kann es nicht behalten, und es versinkt so spurlos, wie ihm selber die Spuren abgehen.

DER EWIGE WANDERER

Friedrich Hölderlin
Der Wanderer

Einsam stand ich und sah in die afrikanischen dürren
 Ebnen hinaus; vom Olymp regnet Feuer herab,
Reißendes! milder kaum, wie damals, da das Gebirg hier
 Spaltend mit Strahlen der Gott Höhen und Tiefen gebaut.
Aber auf denen springt kein frischaufgrünender Wald nicht
 In die tönende Luft üppig und herrlich empor.
Unbekränzt ist die Stirne des Bergs und beredtsame Bäche
 Kennet er kaum, es erreicht selten die Quelle das Tal.
Keiner Herde vergeht am plätschernden Brunnen der Mittag,
 Freundlich aus Bäumen hervor blickte kein gastliches Dach.
Unter dem Strauche saß ein ernster Vogel gesanglos,
 Aber die Wanderer flohn eilend, die Störche, vorbei.
Da bat ich um Wasser dich nicht, Natur! in der Wüste,
 Wasser bewahrte mir treulich das fromme Kamel.
Um das Haine Gesang, ach! um die Gärten des Vaters
 Bat ich vom wandernden Vogel der Heimat gemahnt.
Aber du sprachst zu mir: Auch hier sind Götter und walten,
 Groß ist ihr Maß, doch es mißt gern mit der Spanne der Mensch.

Und es trieb die Rede mich an, noch Andres zu suchen,
 Fern zum nördlichen Pol kam ich in Schiffen herauf.
Still in der Hülse von Schnee schlief da das gefesselte Leben,
 Und der eiserne Schlaf harrte seit Jahren des Tags.
Denn zu lang nicht schlang um die Erde den Arm der Olymp hier,
 Wie Pygmalions Arm um die Geliebte sich schlang.
Hier bewegt' er ihr nicht mit dem Sonnenblicke den Busen,
 Und in Regen und Tau sprach er nicht freundlich zu ihr;
Und mich wunderte des und törig sprach ich: O Mutter
 Erde, verlierst du denn immer, als Witwe, die Zeit?
Nichts zu erzeugen ist ja und nichts zu pflegen in Liebe,
 Alternd im Kinde sich nicht wieder zu sehn, wie der Tod.

Aber vielleicht erwarmst du dereinst am Strahle des Himmels,
  Aus dem dürftigen Schlaf schmeichelt sein Othem dich auf;
Daß, wie ein Samkorn, du die eherne Schale zersprengest,
  Los sich reißt und das Licht grüßt die entbundene Welt,
All die gesammelte Kraft aufflammt in üppigem Frühling,
  Rosen glühen und Wein sprudelt im kärglichen Nord.

Also sagt ich und jetzt kehr ich an den Rhein, in die Heimat,
  Zärtlich, wie vormals, wehn Lüfte der Jugend mich an;
Und das strebende Herz besänftigen mir die vertrauten
  Offnen Bäume, die einst mich in den Armen gewiegt,
Und das heilige Grün, der Zeuge des seligen, tiefen
  Lebens der Welt, es erfrischt, wandelt zum Jüngling mich um.
Alt bin ich geworden indes, mich bleichte der Eispol,
  Und im Feuer des Süds fielen die Locken mir aus.
Aber wenn einer auch am letzten der sterblichen Tage,
  Fernher kommend und müd bis in die Seele noch jetzt
Wiedersähe dies Land, noch Einmal müßte die Wang ihm
  Blühn, und erloschen fast glänzte sein Auge noch auf.
Seliges Tal des Rheins! kein Hügel ist ohne den Weinstock,
  Und mit der Traube Laub Mauer und Garten bekränzt,
Und des heiligen Tranks sind voll im Strome die Schiffe,
  Städt und Inseln, sie sind trunken von Weinen und Obst.
Aber lächelnd und ernst ruht droben der Alte, der Taunus,
  Und mit Eichen bekränzt neiget der Freie das Haupt.

Und jetzt kommt vom Walde der Hirsch, aus Wolken das Tagslicht,
  Hoch in heiterer Luft siehet der Falke sich um.
Aber unten im Tal, wo die Blume sich nähret von Quellen,
  Streckt das Dörfchen bequem über die Wiese sich aus.
Still ists hier. Fern rauscht die immer geschäftige Mühle,
  Aber das Neigen des Tags künden die Glocken mir an.
Lieblich tönt die gehämmerte Sens und die Stimme des Landmanns,

Der heimkehrend dem Stier gerne die Schritte gebeut,
Lieblich der Mutter Gesang, die im Grase sitzt mit dem Söhnlein;
Satt vom Sehen entschliefs; aber die Wolken sind rot,
Und am glänzenden See, wo der Hain das offene Hoftor
Übergrünt und das Licht golden die Fenster umspielt,
Dort empfängt mich das Haus und des Gartens heimliches Dunkel,
Wo mit den Pflanzen mich einst liebend der Vater erzog;
Wo ich frei, wie Geflügelte, spielt auf luftigen Ästen,
Oder ins treue Blau blickte vom Gipfel des Hains.
Treu auch bist du von je, treu auch dem Flüchtlinge blieben,
Freundlich nimmst du, wie einst, Himmel der Heimat, mich auf.
Noch gedeihn die Pfirsiche mir, mich wundern die Blüten,
Fast, wie die Bäume, steht herrlich mit Rosen der Strauch.
Schwer ist worden indes von Früchten dunkel mein Kirschbaum,
Und der pflückenden Hand reichen die Zweige sich selbst.
Auch zum Walde zieht mich, wie sonst, in die freiere Laube
Aus dem Garten der Pfad oder hinab an den Bach,
Wo ich lag, und den Mut erfreut am Ruhme der Männer,
Ahnender Schiffer; und das konnten die Sagen von euch,
Daß in die Meer ich fort, in die Wüsten mußt, ihr Gewaltgen!
Ach! indes mich umsonst Vater und Mutter gesucht.
Aber wo sind sie? du schweigst? du zögerst? Hüter des Hauses!
Hab ich gezögert doch auch! habe die Schritte gezählt,
Da ich nahet, und bin, gleich Pilgern, stille gestanden.
Aber gehe hinein, melde den Fremden, den Sohn,
Daß sich öffnen die Arm und mir ihr Segen begegne,
Daß ich geweiht und gegönnt wieder die Schwelle mir sei!
Aber ich ahn es schon, in heilige Fremde dahin sind
Nun auch sie mir, und nie kehret ihr Lieben zurück.

Vater und Mutter? und wenn noch Freunde leben, sie haben
Andres gewonnen, sie sind nimmer die Meinigen mehr.

Kommen werd ich, wie sonst, und die alten, die Namen der Liebe
  Nennen, beschwören das Herz, ob es noch schlage, wie sonst,
Aber stille werden sie sein. So bindet und scheidet
  Manches die Zeit. Ich dünk ihnen gestorben, sie mir.
Und so bin ich allein. Du aber, über den Wolken,
  Vater des Vaterlands! mächtiger Aether! und du
Erd und Licht! ihr einigen drei, die walten und lieben,
  Ewige Götter! mit euch brechen die Bande mir nie.
Ausgegangen von euch, mit euch auch bin ich gewandert,
  Euch, ihr Freudigen, euch bring ich erfahrner zurück.
Darum reiche mir nun, bis oben an von des Rheines
  Warmen Bergen mit Wein reiche den Becher gefüllt!
Daß ich den Göttern zuerst und das Angedenken der Helden
  Trinke, der Schiffer, und dann eures, ihr Trautesten! auch,
Eltern und Freund'! und der Mühn und aller Leiden vergesse
  Heut und morgen und schnell unter den Heimischen sei.

George Sand
Vier Arten zu reisen

Die Inselbewohner Albions führen ein besonderes Fluidum bei sich, das ich das britische nennen möchte, und in ihm reisen sie, so wenig zugänglich der Atmosphäre der Gegenden, durch die sie kommen, als die Maus in einer Luftpumpe. Nicht bloß den tausend Vorsichtsmaßregeln, mit denen sie sich umgeben, verdanken sie ihre ewige Kaltblütigkeit. Nicht, weil sie drei Paar *breeches* übereinander tragen, kommen sie trotz Regen und Schmutz trocken und anständig an; auch nicht weil sie wollene Perücken haben, trotzt ihre steife, metallische Frisur der Feuchtigkeit; nicht, weil sie alle mit so viel Pomade, Bürsten und Seife beladen herumwandeln, daß man ein ganzes Regiment niederbretagnischer Konskribierten damit adonisieren könnte, ist ihr Bart immer so frisch, ihre Nägel so untadelhaft, sondern weil die äußere Luft auf sie keine Einwirkung hat, weil sie in ihrem Fluidum wie in einer zwanzig Fuß dicken Kristallglocke gehen, trinken, schlafen und essen und durch sie mitleidsvoll auf die Reiter, deren Frisur der Wind zerstört, und auf die Fußgänger herabsehen, deren Schuhe der Schnee beschädigt. Indem ich aufmerksam den Schädel, die Physiognomie und die Haltung der fünfzig Engländer beiderlei Geschlechts, welche alle Abende an jeder Wirtstafel der Schweiz sich niederlassen, betrachte, habe ich mich gefragt, was wohl der Zweck so vieler weiten, gefährlichen und schwierigen Pilgerfahrten sein könnte, und glaube es endlich, dank dem Major, den ich eifrig bei dieser Angelegenheit zu Rate gezogen, entdeckt zu haben. Für eine Engländerin nämlich besteht der wahre Zweck des Lebens darin, die höchsten und stürmischsten Gegenden zu durchreisen, ohne daß ein Haar auf ihrem Haupte aus seiner Lage gerissen wird. – Für einen Engländer ist es der, in sein Vaterland zurückzukehren, nachdem er eine Fahrt um die Welt gemacht hat, ohne daß seine Handschuhe beschmutzt oder seine Stiefel durchlöchert worden sind. Deshalb treten des Abends nach mühsamen Exkursionen Männer und Frauen in den Wirtshäusern unter die Waffen und zeigen sich mit edlem zufriedenem Blick in all der majestätischen Undurchdringlichkeit ihrer Touristenhaltung. Nicht ihre Person, ihre Garderobe reist, und der Mensch ist nur die Gelegenheit für den Mantelsack, das Vehikel für die Kleidung. Es sollte mich gar nicht wundern, wenn ich in London Reisebücher erscheinen sähe unter dem Titel: Spaziergänge eines Hutes in den pontinischen Sümpfen. – Erinnerungen aus Helvetien eines Rockkragens. – Reise um die Welt von einem Kautschukmantel. – Die Italiener fallen in den entgegengesetzten Fehler. An ein gleichmäßiges, mildes Klima gewöhnt, verachten sie die geringsten Vorkehrungen und werden von dem Wechsel der Witterung in unserem Klima so lebhaft ergriffen, daß sie sogleich vom Heimweh befallen werden; sie durchwandern es mit stolzer Verachtung, überall die Sehnsucht nach ihrem schönen Vaterlande mit sich tragend und es unaufhörlich und ganz laut mit allem, was sie sehen, vergleichend. Sie sehen aus, als wenn sie Italien in einer Güterlotterie ausspielen wollten und Käufer für ihre Lose suchten. Wenn irgend etwas die Luft benehmen könnte, über die Alpen zu gehen, so wäre es die Art von Aufschrei, den man bei allen Städten und Dörfern ertragen muß, deren Name schon das Herz eines Italieners zum Schlagen bringt und seine Stimme anschwellt, sobald man sie nur ausspricht.

Die besten Reisenden und diejenigen, welche am wenigsten Geräusch machen, sind die Deutschen, treffliche Fußgänger, unerschrockene Raucher und alle ein wenig Musiker und Botaniker. Sie sehen langsam und umsichtig und trösten sich für alle Langweile des Gasthofs mit der Zigarre, der Maultrommel oder einem Herbarium. Ernst wie die Engländer, prahlen sie nicht mit ihrem Vermögen und zeigen sich nicht mehr, als sie sprechen. Sie gehen unbemerkt vorüber, ohne andere zu Opfern ihres Vergnügens oder ihres Müßigganges zu machen.

Was uns Franzosen betrifft, so muß man wohl gestehen, daß wir weniger als irgendein Volk Europas zu reisen wissen. Die Ungeduld verzehrt uns, die Bewunderung reißt uns fort; unsere Fähigkeiten sind lebhaft; ergreifend, aber der Überdruß erfaßt uns bei dem geringsten Anstoß. Obgleich unser *home* im allgemeinen nicht sehr behaglich ist, übt es doch eine Gewalt auf uns aus, die uns bis zu den äußersten Enden der Erde verfolgt, uns im Ertragen von Entbehrungen und Strapazen widerspenstig und ungeschickt macht und uns den kindischsten, nutzlosesten Kummer einflößt. Unvorsichtig gleich den Italienern, haben wir nicht ihre physische Kraft, um die Unbequemlichkeiten unseres Ungeschicks zu ertragen. Wir sind auf Reisen, was wir im Kriege sind, glühend im Anfang, demoralisiert, sobald wir aufgelöst sind. Wer die Abfahrt einer französischen Karavane auf den steilen Wegen der Schweiz sieht, mag wohl über diese stürmische Freude, diese tollen Sprünge auf den Bergabhängen, über diese scherzhafte Eile, über diese ganze verlorene Mühe, die ganze im voraus am Anfange des Weges verschwendete Kraft und über diese eitle Aufmerksamkeit lachen, die enthusiastisch den ersten Gegenständen gezollt wird. Er kann gewiß sein, daß nach Verlauf einer Stunde die Karavane alle ihr physischen und moralischen Kräfte erschöpft hat und gegen Abend zerstreut, traurig, abgemattet, kaum sich fortschleppend ins Nachtlager kommt, ohne den eigentlichen bewundernswerten Gegenständen mehr als einen zerstreuten, ermüdeten Blick gewidmet zu haben.

Das alles ist vielleicht nicht so unnütz zu bemerken, als Dir es scheint. Eine Reise, hat man oft gesagt, ist ein kurzer Überblick des menschlichen Lebens. Die Art zu reisen ist also das Kriterium, an welchem man die Nationen und Individuen erkennen kann; die Kunst zu reisen, ist fast die Wissenschaft des Lebens.

Robert Louis Stevenson
Das Leben an den Sohlen spüren

Es waren nicht nur schwere Gedanken wegen Modestine, die mich unterwegs bedrückten; es war überhaupt alles bleiern. Erstens blies der Wind so stark, daß ich mich mit einer Hand von Cheylard bis Luc am Pack festhalten mußte, und zweitens führte mein Weg durch eine der erbärmlichsten Gegenden auf der Welt. Es war wie der schlimmste Fleck des schottischen Hochlands, nur noch schlimmer, kalt, nackt und armselig, keine Bäume, keine Heide, kein Hauch Leben. Eine Straße und einige Zäune durchbrachen die stete Einöde, und der Verlauf der Trasse war durch Stangen für die verschneite Winterszeit markiert.

Warum jemand das Verlangen spüren sollte, Luc oder Cheylard zu besuchen, geht über die Vorstellungskraft meines sonst recht erfinderischen Verstandes hinaus. Was mich anbetrifft, so reise ich nicht, um irgend ein Ziel anzulaufen, sondern um zu laufen. Ich reise des Reisens wegen. Worauf es ankommt, ist in Bewegung zu sein, die Nöte und Haken unserer Existenz unmittelbar zu spüren, aus diesem Pfühl der Zivilisation auszusteigen und zu finden, daß der Boden unter den Füßen aus Granit besteht und mit schneidenden Kieseln bestreut ist. Je weiter wir im Leben vorankommen und je stärker wir von unseren Geschäften in Anspruch genommen sind, desto mehr werden leider auch Ferien zu einer Sache, für die gearbeitet werden muß. Einen Pack auf einem Packsattel gegen einen Sturm aus dem eisigen Norden festzuhalten, ist wahrlich keine hohe Leistung, trägt jedoch dazu bei, die Sinne zu beschäftigen und zu beruhigen. Und wenn man in der Gegenwart so stark gefordert ist, wie kann man sich da über die Zukunft Sorgen machen?

Friedrich Nietzsche
Von Wanderern und Philosophen

Der Wanderer. – Wer nur einigermaßen zur Freiheit der Vernunft gekommen ist, kann sich auf Erden nicht anders fühlen denn als Wanderer, – wenn auch nicht als Reisender, *nach* einem letzten Ziele: denn dieses gibt es nicht. Wohl aber will er zusehen und die Augen dafür offen haben, was alles in der Welt eigentlich vorgeht; deshalb darf er sein Herz nicht allzufest an alles einzelne anhängen; es muß in ihm selber etwas Wanderndes sein, das seine Freude an dem Wechsel und der Vergänglichkeit habe. Freilich werden einem solchen Menschen böse Nächte kommen, wo er müde ist und das Tor der Stadt, welche ihm Rast bieten sollte, verschlossen findet; vielleicht, daß noch dazu, wie im Orient, die Wüste bis an das Tor reicht, daß die Raubtiere bald ferner, bald näher her heulen, daß ein starker Wind sich erhebt, daß Räuber ihm seine Zugtiere wegführen. Dann sinkt für ihn wohl die schreckliche Nacht wie eine zweite Wüste auf die Wüste, und sein Herz wird des Wanderns müde. Geht ihm dann die Morgensonne auf, glühend wie eine Gottheit des Zorns, öffnet sich die Stadt, so sieht er in den Gesichtern der hier Hausenden vielleicht noch mehr Wüste, Schmutz, Trug, Unsicherheit als vor den Toren – und der Tag ist fast schlimmer als die Nacht. So mag es wohl einmal dem Wanderer ergehen; aber dann kommen, als Entgelt, die wonnevollen Morgen anderer Gegenden und Tage, wo er schon im Grauen des Lichtes die Musenschwärme im Nebel des Gebirges nahe an sich vorübertanzen sieht, wo ihm nachher, wenn er still, in dem Gleichmaß der Vormittagsseele, unter Bäumen sich ergeht, aus deren Wipfeln und Laubverstecken heraus lauter gute und helle Dinge zugeworfen werden, die Geschenke, aller jener freien Geister, die in Berg, Wald und Einsamkeit zu Hause sind und welche, gleich ihm, in ihrer bald fröhlichen bald nachdenklichen Weise, Wanderer und Philosophen sind. Geboren aus den Geheimnissen der Frühe, sinnen sie darüber nach, wie der Tag zwischen dem zehnten und zwölften Glockenschlage ein so reines, durchleuchtetes, verklärt-heiteres Gesicht haben könne: – sie suchen die *Philosophie des Vormittages*.

Hermann Hesse
Wanderer zwischen den Welten

An diesem schönen Hause vorüberwandern, das gibt einem einen Hauch von Sehnsucht und Heimweh, von Sehnsucht nach Stille, Ruhe und Bürgertum, Heimweh nach guten Betten, Gartenbank und Düften einer feinen Küche, dazu auch nach Studierzimmer, Tabak, alten Büchern. Und wie sehr habe ich in meiner Jugend die Theologie verachtet und verspottet! Sie ist, wie ich heute weiß, eine Gelehrsamkeit voll Anmut und Zauber, sie hat es nicht mit Lumpereien zu tun wie Metern und Zentnern, auch nicht mit schnöder Weltgeschichte, worin beständig geschossen, Hoch gerufen und verraten wird, sondern sie befaßt sich zart und fein mit innigen, lieben, seligen Dingen, mit Gnade und Erlösung, mit Engeln und Sakramenten.

Wunderbar wäre es für einen Menschen wie mich, hier drin zu wohnen und Pfarrer zu sein. Gerade für einen Menschen wie mich! Wäre ich nicht der Mann dazu, hier in einem feinen schwarzen Hausrock hin und wider zu gehen, die Birnenspaliere im Garten zärtlich und doch wieder nur geistig und gleichnisweise zu lieben, Sterbende im Dorf zu trösten, in alten lateinischen Büchern zu lesen, der Köchin milde Befehle zu erteilen und am Sonntag mit einer guten Predigt im Kopf über die Steinfliesen nach der Kirche hinüber zu wandeln?

Bei schlechtem Wetter würde ich gewaltig einheizen und mich hin und wieder an einen der grünen oder bläulichen Kachelöfen lehnen, dazwischen auch mich ans Fenster stellen und den Kopf zu diesem Wetter schütteln.

Bei schönem Sonnenwetter hingegen würde ich viel im Garten sein, an den Spalieren schneiden und binden, oder am offenen Fenster stehen, nach den Bergen blicken, wie sie aus dem Grau und Schwarz wieder rosig und glühend werden. Ach, ich würde mit tiefer Teilnahme jedem Wanderer nachblicken, der an meinem stillen Haus vorüberzöge, ich würde ihm mit zarten und wohlwollenden Gedanken folgen, und auch mit Sehnsucht, denn er hat doch das bessere Teil erwählt, der wirklich und ehrlich ein Gast und Pilger auf Erden ist, statt wie ich den Seßhaften und Herrn zu spielen. Ein solcher Pfarrer würde ich vielleicht sein. Vielleicht auch würde ich ein anderer sein, würde im düstern Studierzimmer mir die Nächte mit schwerem Burgunder vertreiben und mit tausend Teufeln mich herumhauen, oder ich würde nachts aus Angstträumen aufschrecken, weil die Gewissensfurcht über heimliche Sünden mit meinen Beichtmädchen mich auftriebe. Oder ich würde gern mein grünes Gartentor verschlossen halten, und den Mesner läuten lassen, und mich den Teufel um mein Amt und um mein Dorf und um die Welt bekümmern, würde auf einem breiten Kanapee liegen, rauchen und wahnsinnig faulenzen. Abends zu faul, um mich auszuziehen, morgens zu faul, um aufzustehen.

Kurz, ich würde eigentlich in diesem Hause kein Pfarrer sein, sondern derselbe unstete und harmlose Wanderer wie jetzt, ich würde niemals Pfarrer sein, sondern bald phantastischer Theolog, bald Feinschmecker, bald stinkfaul und hinter den Weinflaschen her, bald auf junge Mädchen versessen, bald Dichter und Mime, bald heimwehkrank mit Angst und Weh im armen Herzen.

Darum ist es nun einerlei, ob ich das grüne Tor und die Spalierbäume, den hübschen Garten und das hübsche Pfarrhaus von außen oder innen anschaue, ob meine Sehnsucht von der Straße zu dem stillen geistlichen Herrn durchs Fenster hinein, oder ob sie aus dem Fenster mit Neid und Sehnsucht zu den Wanderern herausschaut. Es ist völlig einerlei, ob ich hier Pfarrer bin oder Vagabund auf der Straße. Es ist alles völlig einerlei, bis auf einiges wenige, woran mir allerdings sehr stark gelegen ist. Daß ich das Leben in mir zucken spüre, sei's auf der Zunge oder an den Sohlen, sei's in Wollust oder in Qualen, daß meine Seele beweglich sei und mit hundert Phantasiespielen in hundert Formen sich hineinstehlen könne, in Pfarrherren und Wanderer, in Köchinnen und Mörder, in Kinder und Tiere, namentlich auch in Vögel, und auch in Bäume, das ist wesentlich, das will und brauche ich zum Leben, und wenn es einmal damit nichts mehr sein sollte und ich auf ein Leben in der sogenannten »Wirklichkeit« angewiesen wäre, dann werde ich lieber sterben.

Ich habe mich an den Brunnen gelehnt und das Pfarrhaus abgezeichnet, mit der grünen Tür, die mir eigentlich von allem am besten gefällt, und mit dem Kirchturm dahinter. Es ist möglich, daß ich die Tür grüner gemacht habe als sie ist, und den Kirchturm in die Länge gezogen. Die Hauptsache ist, daß ich eine Viertelstunde in diesem Hause Heimat hatte. Ich werde nach diesem Pfarrhaus, das ich nur von außen sah und in dem ich keinen Menschen kenne, einmal Heimweh haben wie nach einer richtigen Heimat, wie nach den Orten, an denen ich ein Kind und glücklich war. Denn auch hier war ich ja, eine Viertelstunde lang, ein Kind und glücklich.

Simone de Beauvoir
Eine rastlose Einzel-Gängerin

Liebe auf den ersten Blick. Ich turnte über sein Kopfsteinpflaster, ich streifte durch seine Gäßchen, ich atmete den Geruch von Teer und Seeigeln im Vieux Port, ich mischte mich unter die Menge auf der Cannebière, ich setzte mich in Alleen, Anlagen, friedliche Höfe, wo der ländliche Geruch welker Blätter den Hauch des Seewinds erstickte. Ich liebte die ratternden Straßenbahnen, an denen Menschentrauben hingen, und die Namen der Fahrtziele: la Madrague, Mazargue, les Chartreux, le Roucas blanc. Am Donnerstagmorgen stieg ich in einen der ›Mattéi‹-Busse, die in der Nähe meiner Wohnung abfuhren. Von Cassis nach Ciotat ging ich zu Fuß an den kupfernen Klippen entlang. Ich war so hingerissen, daß ich abends, als ich einen der kleinen grünen Busse bestieg, nur einen Gedanken hatte: wieder hinzufahren. Die Leidenschaft, die damals von mir Besitz ergriff, hat mich über zwanzig Jahre nicht wieder losgelassen, erst das Alter hat ihr ein Ende gesetzt. In jenem Jahr rettete sie mich vor Langeweile und Sehnsucht, vor allen trüben Gedanken und machte aus meiner Verbannung ein Fest.

Diese Leidenschaft teilte ich mit vielen. Die Umgebung von Marseille ist zugleich wild und leicht zugänglich: auch dem Sonntagswanderer zeigt sie strahlende Geheimnisse. Das Wandern war der Lieblingssport der Marseiller. Die Wanderbegeisterten organisierten sich in Vereinen, sie gaben ein Blatt heraus, das haargenau ausgetüftelte Routen beschrieb, sie erneuerten sorgfältig die bunten Pfeile, die die Wege markierten. Viele meiner Kollegen erklommen sonntags in Scharen das Massiv von Marseilleveyre oder die Anhöhen von Sainte-Baume. Ich fiel aus dem Rahmen, weil ich mich keiner Gruppe anschloß und aus einem Zeitvertreib die strengste Pflicht machte. Vom zweiten Oktober bis zum vierzehnten Juli fragte ich mich nicht ein einziges Mal, was ich mit einem Donnerstag, einem Sonntag anfangen sollte. Ich hatte die Aufgabe, Sommer wie Winter bei Morgengrauen aufzubrechen und erst spät abends zurückzukehren. Ich hielt mich nicht mit Vorbereitungen auf. Ich habe mir nie die klassische Ausrüstung angeschafft: Rucksack, Nagelschuhe, Lodenrock und -umhang. Ich zog ein altes Kleid an, Segeltuchschuhe und nahm in einer Strohtasche ein paar Bananen und *Brioches* mit. Mehr als einmal lächelten meine Kollegen verächtlich, wenn wir uns auf einem Gipfel begegneten. Dafür arbeitete ich an Hand des *Guide Bleu*, des *Bulletin* und der Michelin-Karte genaue Pläne aus. Anfangs ließ ich es bei einem Marsch von fünf bis sechs Stunden bewenden. Später stellte ich Touren von neun, zehn Stunden zusammen. Manchmal schaffte ich über vierzig Kilometer. Systematisch durchzog ich die ganze Umgebung. Ich stieg auf alle Berge: den Gardaban, den Mont Aurélin, Sainte-Victoire, den Pilon du Roi; ich kletterte in die kleinen Meeresbuchten hinunter, ich erforschte die Täler, die Schluchten, die Engpässe. Ich ging zwischen blendenden Steinen, wo sich kein Weg abzeichnete, und spähte nach den Pfeilen – blau, grün, rot, gelb –, die mich zu einem unbekannten Ziel führten. Manchmal verlor ich sie, suchte sie, ging im Kreise, schlug mich durch scharf duftende Büsche, riß mich an

Pflanzen, die ich noch nie gesehen hatte: harzige Cistrosen, Wacholder, Steineichen, gelbe und weiße Asphodelus. Ich folgte allen Zollwegen am Ufer. Unter den Klippen der zerklüfteten Küste zeigte das Mittelmeer nicht jene süßliche Mattigkeit, die mich an anderen Stellen oft anwiderte; im sprühenden Morgenlicht peitschte es die Riffe mit grellem Weiß, und ich hatte den Eindruck, mir würden, wenn ich die Hand hineinhielte, die Finger abgeschnitten. Schön war auch der Blick von den Hügeln, wenn das Wogen der Olivenbäume sich an der heuchlerischen Süße, der erzenen Härte des Meeres brach. An einem Frühlingstag sah ich auf der Hochebene von Valensol zum erstenmal blühende Mandelbäume. Ich wanderte auf roten und ockergelben Wegen über die Ebene von Aix, wo ich die Gemälde Cézannes wiedererkannte. Ich besuchte Städte, Marktflecken, Dörfer, Klöster und Schlösser. Wie in Spanien ließ die Neugier mich nicht ruhen. Von jedem Aussichtspunkt, hinter jedem Kamm erwartete ich eine Offenbarung, und immer übertraf die Schönheit der Landschaft meine Erinnerungen und meine Erwartung.

Beharrlich machte ich mich wieder an meine Aufgabe, die Dinge ihrer Nacht zu entreißen. Allein wanderte ich in den Nebeln auf der Höhe von Sainte-Victoire, auf der Bergkette des Pilon du Roi, gegen die Gewalt des Windes, der meine Mütze ins Tal schleuderte. Allein verirrte ich mich in einer Schlucht des Lubéron; diese Augenblicke, ihr Licht, ihre Zärtlichkeit, ihre Wildheit gehörten mir allein. Wie liebte ich es, schlafbefangen durch die noch nachtverhüllte Stadt zu gehen und über einer unbekannten Ortschaft den Morgen dämmern zu sehen! Mittags schlief ich im Duft von Ginster und Pinien; ich klammerte mich an die Hänge der Hügel, suchte meinen Weg durch die Heiden, und die Dinge kamen mir entgegen, erwartet, unerwartet: immer genoß ich es mit gleicher Intensität, wenn ein Punkt, ein Strich auf einer Landkarte oder drei Zeilen in einem Reiseführer sich in Steine, Bäume, Himmel und Wasser verwandelten.

Sooft ich die Provence wiedersehe, erkenne ich die Gründe wieder, warum ich sie liebe. Sie rechtfertigen nicht die Besessenheit, deren Grad ich nicht ohne Verblüffung an einer Erinnerung ermesse. Ende November kam meine Schwester nach Marseille. Ich weihte sie in meine neuen Vergnügungen ein, wie ich sie an meinen Kinderspielen hatte teilnehmen lassen. Wir sahen den Aquädukt von Roquefavour in der Mittagshitze; wir marschierten in Segeltuchschuhen durch den Schnee um Toulon. Ihr fehlte das Training, und sie bekam schmerzhafte Blasen, aber sie klagte nie und hielt mit mir Schritt. Als wir an einem Donnerstag gegen Mittag nach Sainte-Baume kamen, hatte sie Fieber; ich riet ihr, im Hospiz auszuruhen, Grog zu trinken und auf den Bus zu warten, der in einigen Stunden nach Marseille hinunterfuhr, und ich beendete meine Wanderung allein. Am Abend legte sie sich mit Grippe ins Bett, und ich hatte eine Anwandlung von schlechtem Gewissen. Heute kann ich mir kaum vorstellen, daß ich sie fiebernd in einem unheimlichen Klosterbau zurückgelassen hatte. Im allgemeinen kümmerte ich mich um meinen Nächsten, und meine Schwester liebte ich sehr. »Sie sind schizophren«, sagte Sartre oft zu mir: anstatt meine Pläne der Wirklichkeit anzupassen, verfolgte ich sie wider alles und jeden, die Realität war für mich bloße Nebensache. In Sainte-Baume leugnete ich tatsächlich lieber die Existenz meiner Schwester, als daß ich von meinem Programm abgewichen wäre: sie hatte stets so treulich meinen Absichten gedient, es war für mich unvorstellbar, daß sie sie dieses Mal durchkreuzen sollte. Diese ›Schizophrenie‹ erscheint mir wie eine extreme und abwegige Form meines Optimismus. Wie mit zwanzig Jahren leugnete ich, daß ›das Leben noch einen anderen Willen kennt als den meinen‹.

Der Wille, der in meinen fanatischen Wanderungen zum Ausdruck kam, hatte sehr alte Wurzeln in mir. Früher, im Limousin, hatte ich mir bei meinen Gängen durch die Hohlwege eingeredet, eines Tages würde ich ganz Frankreich durchwandern, vielleicht die Welt, ohne eine Wiese, ein Gehölz auszulassen. Ich glaubte nicht wirklich daran; und als ich in Spanien *alles* hatte sehen wollen, gab ich diesem Wort einen sehr weiten Sinn. Jetzt, in dem Umkreis, auf den meine Arbeit und meine

Möglichkeiten mich beschränkten, schien mir dieser Vorsatz nicht undurchführbar. Ich wollte die Provence gründlicher und eleganter erforschen als jeder zünftige Wandervogel. Ich hatte nie Sport getrieben; um so mehr Freude machte es mir, das Letzte aus meinem Körper herauszuholen, seine Kräfte so geschickt wie möglich zu nutzen. Auf der Landstraße hielt ich, um ihn zu schonen, Autos und Lastwagen an; im Gebirge, über Felsen kletternd, Geröllhalden hinunterschlitternd, versuchte ich, abzuschneiden: jeder Ausflug war ein Kunstwerk. Ich gelobte mir, für alle Zeiten sein strahlendes Andenken zu bewahren, und im Augenblick der Ausführung beglückwünschte ich mich zu meinen Taten. Der Stolz, den ich dabei empfand, zwang mich, sie immer wieder zu unternehmen. Wie hätte ich je nachlassen können? Wenn ich aus Gleichgültigkeit oder Laune auf eine Tour verzichtet hätte, wenn ich mir nur ein einziges Mal gesagt hätte: Wozu eigentlich?, hätte ich das ganze System zerstört, das mein Vergnügen in den Rang heiliger Verpflichtung hob. Ich habe oft im Leben zu dieser List Zuflucht genommen: meinen Tätigkeiten eine Notwendigkeit zu verleihen, deren Beute oder Opfer ich schließlich wurde. So hatte ich mich mit achtzehn Jahren durch eine Manie vor der Langeweile gerettet. In Marseille hätte ich diese Sammelwut wohl nicht in mir wachhalten können, wenn sie das Resultat einer abstrakten Weisung gewesen wäre: aber ich habe gesagt, welche Freuden sie mir schenkte.

Bruce Chatwin
Die Natur der menschlichen Ruhelosigkeit

Ich hatte eine Ahnung, daß die »Reisephase« meines Lebens bald vorbei sein könnte. Ich hatte das Gefühl, daß ich, bevor mich das Unbehagen an der Seßhaftigkeit beschlich, diese Notizbücher noch einmal öffnen sollte. Daß ich eine Zusammenfassung der Gedanken, Zitate und Begegnungen zu Papier bringen sollte, die mich amüsiert und verfolgt hatten und die, das hoffte ich, Licht werfen würden auf etwas, was für mich die Frage aller Fragen ist: die Natur der menschlichen Ruhelosigkeit.

Pascal vertrat in einer seiner etwas düsteren *pensées* die Ansicht, daß unser ganzes Elend von einer einzigen Ursache herrühre: unserer Unfähigkeit, ruhig in einem Zimmer zu bleiben.

Warum, fragte er, fühlte ein Mensch, der genug zum Leben besaß, sich dazu hingezogen, sich auf langen Seereisen zu zerstreuen? In einer anderen Stadt zu verweilen? Sich auf die Suche nach dem Pfefferkorn zu begeben? Oder in den Krieg zu ziehen und Köpfe einzuschlagen?

Später, nach weiterer Überlegung, als er die Ursache unseres Mißgeschicks entdeckt hatte, wollte er den Grund dafür verstehen, und er fand einen sehr guten Grund: nämlich das naturbedingte Unglück unseres schwachen, vergänglichen Lebens; so groß sei dieses Unglück, daß nichts uns trösten könne, wenn wir ihm unsere ganze Aufmerksamkeit schenkten.

Nur eins könne unsere Verzweiflung mindern, und das sei die »Zerstreuung« *(divertissement)*: sie jedoch sei das größte unserer Mißgeschicke, denn die Zerstreuung hindere uns daran, über uns selbst nachzudenken, und stürze uns nach und nach ins Verderben.

Konnte es sein, fragte ich mich, daß unser Bedürfnis nach Zerstreuung, unsere Sucht nach dem Neuen ihrem Wesen nach ein instinktiver Wandertrieb waren, dem Zugtrieb der Vögel im Herbst vergleichbar?

Alle großen Lehrmeister haben verkündet, der Mensch sei ursprünglich ein »Wanderer in der ausgebrannten und unfruchtbaren Wildnis dieser Welt« gewesen – diese Worte sagt Dostojewskis Großinquisitor – und daß er, um seine Menschlichkeit wiederzufinden, sich aller Bindungen entledigen und sich auf den Weg machen müsse.

Meine beiden letzten Notizbücher waren gefüllt mit Aufzeichnungen, die ich in Südafrika gemacht hatte, wo ich aus nächster Nähe bestimmte Zeugnisse über die Entstehung unserer Art untersucht hatte. Was ich dort lernte – zusammen mit dem, was ich heute über die Songlines weiß –, scheint eine Theorie zu untermauern, die mich seit langer Zeit beschäftigt: daß die natürliche Auslese uns – von der Struktur unserer Hirnzellen bis zur Struktur unseres großen Zehs – zu einem Leben periodischer *Fuß*reisen durch brennend heißes Dornen- oder Wüstenland bestimmt habe.

Wenn das der Fall war, wenn die Wüste das »Zuhause« war, wenn unsere Instinkte in der Wüste geformt wurden, geformt, damit wir die strengen Bedingungen der Wüste überlebten – dann ist es leichter zu verstehen, warum grüne Wiesen uns langweilen, warum Besitz uns ermüdet und warum Pascals imaginärer Mensch seine angenehme Wohnstätte als Gefängnis empfand.

Nachwort

Wandern ist ein Anachronismus. Wanderer sind Idyllensucher, Idyllen aber werden knapp. Wandern heute ist Luxus. Der Wanderer sollte, wäre er auf der Höhe seiner Zeit, auf dem Straßenbegleitgrün einer Autobahn seinen Rucksack an einem der Sommerstaus vorbeitragen – auf den Lippen ein Liedchen trällernd. Freilich, er könnte auch durch Industrie- und Entsorgungsparks pilgern, vorbei an Landschaft und Raum fressenden Betonwüsten und bisweilen auf einer grünen Kuhweide mit einem sauberen Atomkraftwerk im Hintergrund eine kleine Rast einlegen. Aber der Wanderer ist kein Missionar, er will einfach nur raus, raus aus allen Zwängen. Wandern ist heutzutage mehr denn je Weltflucht. Und trotzdem birgt diese Weltflucht eine andere Möglichkeit: sich als Mensch in einem umfassenden Sinn als sinnlich-empfindsames Wesen zu erfahren und die Natur in einem ursprünglichen Zusammenhang zu erleben.

Wandern am Ende des 20. Jahrhunderts ist nicht mehr das, was es zu Zeiten der Wandervogelbewegung war, erst recht nicht, was es im Eisenbahnzeitalter zu Fontanes ›Wanderungen durch die Mark Brandenburg‹ war und schon gar nicht, was es zu Hölderleins und Seumes Fußreisen vor 200 Jahren war. Ganz zu schweigen von den Pilgerwanderungen im Mittelalter. Was aber ist Wandern heute? Was war es früher?

Wandern als eigenständige gesellschaftliche Gangart[1] ist eine verhältnismäßig junge kulturelle Betätigungsform angesichts der Jahrtausende, die der Mensch schon ›geht‹. Nur – vor der Erfindung des Wanderns ging er, um anzukommen: auf den Märkten, an den Pilgerstätten, bei Freunden. Die Reise selbst wollte man so schnell wie möglich – egal ob in Kutsche oder zu Fuß – hinter sich bringen: gerade auch jene, die ständig auf der Straße waren, die reisenden Handwerksgesellen und die Pilger. Die Freude an der Fortbewegung selbst war den Menschen fremd.

1 Vgl. Wolfgang Kaschuba, Aus deutschem Wanderleben. Zur Geschichte einer gesellschaftlichen Gangart. Aus: Stuttgarter Zeitung, 23. Juli 1983, Sonntagsbeilage.

Zu viele Gefahren und Unsicherheiten brachte jeder Ortswechsel mit sich. Man suchte Wege durch die Natur, noch nicht in die Natur[2]. Noch war die Wahrnehmung der Landschaft im modernen Sinne nicht geboren.

Erst die Aufklärung mit ihrer vernunftbetonten Naturauffassung – »Der heilige Hain wird zum bloßen Holz« (Hölderlin) – und als Gegenbewegung die Empfindsamkeit mit ihrem Gefühlskult lassen so etwas wie eine neue Raum- und Naturerfahrung entstehen. Die Landschaft als ein ästhetisch und emotional aufgefaßtes Naturbild entsteht.

»Nicht die Felder vor der Stadt (...), nicht die Gebirge (...) der Hirten (...) sind als solche schon ›Landschaft‹. Sie werden dies erst, wenn sich der Mensch ihnen ohne praktischen Zweck in freier genießender Anschauung zuwendet, um als er selbst in der Natur zu sein. Mit seinem Hinausgehen verändert die Natur ihr Gesicht. Was sonst das Genutzte oder als Ödland das Nutzlose ist und was über Jahrhunderte hin ungesehen und unbeachtet blieb oder das feindlich abweisende Fremde war, wird zum Großen, Erhabenen und Schönen: es wird ästhetisch zur Landschaft«[3].

Hand in Hand mit diesem Entstehungsprozeß der ästhetischen Landschaft entwickelt sich im Laufe des 18. Jahrhunderts der Typus des romantischen Menschen, wie er sich vorbildhaft in Werk und Leben Rousseaus zeigt, ein Mensch, der sich von seinen subjektiven Empfindungen leiten läßt und die Natur als Spiegel seiner Seele begreift. Mit dem neuen Naturgefühl entsteht auch eine neue Art der Auseinandersetzung mit der Landschaft: das Wandern, das ästhetisch-empfindsame Wandern. »Jene langsame, den Raum gleichsam körperlich abtastende Fortbewegung durch Landschaft und Gesellschaft – sie dient nun als Mittel, um sinnliche Erfahrung und Anschauung zu sammeln.

2 Wolfgang Kaschuba, ebd. Vgl. auch Die Fußreise. Von der Arbeitswanderung zur bürgerlichen Bildungsbewegung, S. 168. In: Reisekultur. Von der Pilgerfahrt zum modernen Tourismus. Herausgegeben von Hermann Bausinger, Klaus Beyrer, Gottfried Korff. Verlag C.H. Beck, München 1991.

3 Joachim Ritter, Landschaft. Zur Funktion des Ästhetischen in der modernen Gesellschaft. S. 150f. In: Subjektivität. Suhrkamp Verlag, Frankfurt/M. 1974.

(...) In der Begegnung mit der äußeren Natur, mit dem stofflich Einfachen und ästhetisch Schlichten soll sich auch die innere, die menschliche Natur wiederfinden: die Natur als Objekt und zugleich als Medium der menschlichen Erkenntnis.«[4]

Warum nun das Wandern gerade in Deutschland zu solcher Bedeutung gelangt ist – so mancher glaubt ja, es sei hier erfunden worden –, hat weniger mit den ästhetischen Reizen deutscher Landschaften, als vielmehr mit der Raum- und Gesellschaftserfahrung der ersten romantischen Wanderer zu tun. Hans Joachim Althaus spricht von »vaterländischen Gefühlen«, die die Fußreisenden dazu bewegen, die Höhen der deutschen Mittelgebirge zu ersteigen. Der Schlüssel zur Frage, warum das Wandern eine so typisch deutsche Angelegenheit wurde, liege in der Verschränkung von Wander- und Nationalstaatsbewegung. Im Blick von oben, vom Feldberg, vom Brocken, von der Wasserkuppe, vom Hohen Meißner wird »der Flickenteppich der deutschen Kleinstaaterei zu einer mindestens imaginären Einheit zusammengefügt«[5]. Althaus zitiert in diesem Zusammenhang aus einem um 1800 verbreiteten Reisehandbuch: »Das Merkwürdigste auf dem Brocken ist die Aussicht. Man wirft über mehr denn 5 Millionen Menschen, über den zweihundertstenTheil von Europa und den elftausendsten Theil der Erde einen weitumfassenden Blick. (...) Mit bloßen Augen, wie auf einer Landkarte siehet man die Grafschaften Stollberg und Mansfeld, die Fürstenthümer Blankenburg, Halberstadt, Anhalt, einen Teil von Schwarzburg und Hessen, die Harz-Thüringischen und Hessischen Gebirge (...) und die Elbe wie einen kleinen Silberfaden.«[6]

Das aufstrebende Bürgertum sucht nach dem Zusammenbruch des Heiligen Römischen Reiches Deutscher Nation eine neue kollektive Identität. »Das Wandern bildet für diese Schicht

4 Wolfgang Kaschuba, Die Fußreise. A.a.O.

5 Hans-Joachim Althaus, Fußreisen ins Vaterland, S. 168. Die ersten Wanderer – Zur Geschichte einer knapp zweihundert Jahre alten Vergnügung. In: Stuttgarter Zeitung 9. Mai 1992, Sonntagsbeilage.

6 Hans-Joachim Althaus, ebd.

ein kulturelles Instrument, den verzögerten Zusammenschluß der Partikularstaaten und -interessen vorwegzunehmen.«[7] Von da zu den ›Vaterländischen Wanderungen‹ des Turnvaters Jahn war es nur noch ein kleiner Schritt.

In der Mitte des 19. Jahrhunderts setzt ein regelrechter Wanderboom ein. Die Klagen über Wanderrummel, überfüllte Berghütten und Trampelpfade mehren sich. Das Vereinswandern beginnt, die ersten Wandervereine werden um 1860 gegründet, der romantisch-ästhetische Wanderer wird, zumindest von den romantischen Aussichtspunkten, von den idyllischen Orten verdrängt. Seither ist das Wandern zum Freizeitvergnügen geworden, zum geselligen Beisammensein allzeit gutgelaunter Ausflügler, und hat von daher nicht umsonst den Ruch des Konservativen. Es wird zur Sache des Wandersmannes, der sich mit Kniebundhosen und Abzeichen geschmücktem Wanderstock am deutschen Wald ergötzt und vor lauter Wald die Bäume nicht sieht.

Weder den Wald noch die Bäume sieht freilich der, der seine Wanderung am Abend lediglich nach den zurückgelegten Kilometern bemißt. Unbenommen, daß Wandern auch eine sportliche Angelegenheit ist, unbenommen, daß es zu einem körperlichen Wohlgefühl führt, einen Berg hinaufzusteigen. Das reine Kilometer-Machen aber wird unweigerlich jedes ästhetische Erlebnis verhindern, mit dem Wandern von seinem Ursprung her verbunden war. Trekking-Höchstleistungen und Querfeldein-Survival-Walks machen die kleine Entdeckung am Wegesrand unmöglich. Wandern aber, ästhetisches Wandern braucht Zeit, viel Zeit und statt Muskulatur eher Phantasie. Geht es doch um das Ineinanderspielen körperlich-sinnlicher, geistiger und seelischer Erfahrungen, die jemand macht, der sich mit einem Rucksack auf dem Rücken in der Natur bewegt.

Solche Erfahrungen macht der Wanderer schon auf ganz alltäglicher Ebene. Wenn er am Morgen das Haus verläßt, zeigt sich ihm eine andere Welt, nicht die der Geschäftigkeit, der

7 Hans-Joachim Althaus, ebd.

Sachzwänge und Termine. Der Wanderer hat keine Termine, außer vielleicht den, daß er zum Abendessen ein Gasthaus erreichen muß. Es gibt keine Straßenbahn, die ihm davonfahren könnte, keinen Stau, in dem er ungeduldig warten wird, es gibt nur eine Wasserflasche, die er füllen, und ein paar Lebensmittel, die er kaufen muß, und schon ist er da, wo er hin will: auf dem Weg. Der Weg ist überall. Den richtigen zu finden hilft eine gute Karte, mehr braucht es nicht.

Es ist diese Unmittelbarkeit, die das Wandern so angenehm macht: Man braucht keinerlei Mittel (von den finanziellen abgesehen), man braucht nur sich selbst, ein paar gute Schuhe, und von dem ganzen Ballast, den man sonst tagtäglich benötigt, ist nicht mehr geblieben als das, was in einen Rucksack hineinpaßt. Wandern reduziert die Bedürfnisse auf das Wesentliche: Trinken, Essen, Kleidung. Sonderbarerweise sind es gerade diese wesentlichen Bedürfnisse, an denen man am besten erfahren kann, was es heißt, Mensch zu sein. Vorübergehend befreit von all den technischen Hilfsmitteln, die seinen Alltag sonst bestimmen, tritt der Wanderer der Welt ganz unmittelbar entgegen, und ohne Zeitdruck, ohne daß er irgendwann, irgendwo sein müßte, um irgend etwas zu tun. Er wird essen, wenn er Hunger hat, trinken, wenn er durstig ist, verdauen, wenn er verdauen muß und ein Nickerchen halten, wenn er müde ist. Er ist ein Mensch, »der keine Eile kennt«[8], wie nicht nur Senancour ihn beschreibt. Auch sein amerikanischer Zeitgenosse Thoreau ließ gerne einen »breiten Rand« an seinem Leben, und wie er in der Einsamkeit der Wälder seinen Tag nicht »durch das Ticken einer Uhr zernagt« haben wollte, so erlebt auch der Wanderer einen »natürlichen Tag«[9]. Er lebt nach seiner eigenen inneren Uhr, und er tut dies alles im Gefühl, sich dabei etwas Gutes zu tun, denn was er tut, bekommt ihm.

Da ist zuerst das Gehen: Im Alltag oft genug reduziert auf die Überwindung der Distanzen zwischen Schlafzimmer und

8 Vgl. Etienne Pivert de Senancour, ›*Töne einer Landschaft*‹.
9 Vgl. Henri David Thoreau, ›*Der natürliche Tag*‹.

Küche, zwischen Haustür und Haltestelle, zwischen Parkplatz und Arbeitsplatz; Distanzen, die noch dazu in möglichst kurzer Zeit zu bewältigen sind. Es ist kein Gehen, es ist mehr ein Rennen, das mit dem natürlichen Gang des Menschen nicht mehr allzuviel gemein hat.

Auch dies gibt sich beim Wandern von selbst, denn spätestens am ersten Berg stellt sich im Zusammenspiel von Bewegung, Atmen und Herzschlag ein Rhythmus her, der für die nächste Zeit den bisher gewohnten aus dem Körper vertreiben wird und mit ihm noch so manches andere. Denn Wandern ist auch eine Reinigung, ist Medizin. Bewegung an der frischen Luft, seit alters her das Rezept für Gesundheit, gilt heute um so mehr, als der normale Stadtbewohner jedesmal, wenn er tief durchatmet, befürchten muß, sich zu vergiften. Für den Wanderer ist das anders. Je weiter er die Stadt zurückläßt, desto besser schmeckt die Luft, desto mehr hat er das Gefühl, mit jedem Atemzug seine Lungen zu reinigen, seinen Kreislauf in Ordnung zu bringen. Auch wenn dies nur bedingt der Fall ist, so stellt sich doch als unmittelbarer Effekt davon ein Appetit ein, ein richtiger Hunger, der ein Stück Käse, ein Wurst, ein Stück Brot und eine Karotte zu einem kulinarischen Erlebnis werden läßt, an das auch ein Zanderfilet an Morschelrahm nicht heranreicht. Und wenn man dann auf einer Wiese die Beine langstreckt und mit dem Rücken auf der Erde liegt, dann spürt man, wie gut sich so ein Körper anfühlen kann.

Doch der Erlebniswert des Wanderns ist mit der Befriedigung der körperlichen Bedürfnisse bei weitem nicht erschöpft. Wandern ist nämlich mehr noch eine sinnliche Angelegenheit. ›Allen Sinnen ihrs zu geben‹ könnte als Motto über jeder Wanderung stehen. Für den, der einer Landschaft, einem Baum, einem Bach überhaupt etwas abzugewinnen vermag, gibt es vieles zu sehen und es gibt auch vieles zu hören, zu riechen und zu fühlen. Das ganze Ensemble der menschlichen Sinnlichkeit wird hier auf ganz natürliche Weise bedient, denn der Wanderer bewegt sich in der Landschaft und nicht über sie hinweg[10], muß sich im Ge-

10 Vgl. Otto Friedrich Bollnow, ›*Der Wanderpfad*‹.

hen der Landschaft angleichen und führt so seine Sinne hautnah an die Dinge heran.

Was sich dadurch einstellt, ist trotz des Rucksacks auf dem Rücken das Gefühl des Angenehmen, ist die Freude über die Schönheit der Natur, die einem mit jedem Schritt in anderen Formen entgegenkommt, Schönheit, die sich in einer kleinen Blume genauso zeigen kann wie in einer gewaltigen Gebirgslandschaft, Schönheit, die einlädt zu verweilen, die einlädt zur Kontemplation, die einlädt, sich in dieses andere zu vertiefen, sich einzulassen auf die individuelle Existenz, deren Fremdheit man so vielleicht ein Stückweit kennenlernen kann.

Es ist ein Erlebnis, das von vielen übereinstimmend als Glück beschrieben wird: »Setze dich nieder, wo du willst, auf Mauer, Fels oder Baumstumpf, auf Gras oder Erde: überall umgibt dich ein Bild und Gedicht, überall klingt die Welt um dich her schön und glücklich zusammen.«[11]

Die Frage, was dieses Naturschöne ist, das uns so angenehm entgegenkommt, wurde immer wieder auf ziemlich übereinstimmende Weise beschrieben. Für Alexander Gottlieb Baumgarten, den Begründer der neuzeitlichen Ästhetik, ist das Schöne die Erscheinung der durch Gott verbürgten Vollkommenheit der Natur, die sich der Vollkommenheit der menschlichen Sinne offenbart[12]. Für Goethe ist das Schöne »eine Manifestation geheimer Naturgesetze, die uns ohne dessen Erscheinung ewig wären verborgen geblieben«[13]. Ähnliche Formulierungen lassen sich auch bei anderen Autoren finden. All diesen – im weitesten Sinn romantischen – Theorien gemeinsam ist die Vorstellung, daß Mensch und Natur eine Einheit bilden, in der sie sich gegenseitig bedingen und fördern. Die Freude an der Schönheit der Natur ist so zu verstehen als die Erfahrung dieser Einheit, als die lustvolle Erfahrung einer ursprünglichen Verbindung,

11 Hermann Hesse, ›*Setze dich nieder, wo du willst*‹.

12 Vgl. Heinz Paetzold, Einleitung, in: Alexander Gottlieb Baumgarten ›Philosophische Betrachtungen über einige Bedingungen des Gedichtes‹, Felix Meiner Verlag, Hamburg 1983, S. XLVI.

13 Johann Wolfgang Goethe, ›Maximen und Reflexionen‹. Zit. nach Alfred Schmidt, ›Goethes herrlich leuchtende Natur‹, Carl Hanser Verlag, München 1984, S. 25.

die trotz aller Zivilisation noch immer besteht, und dies ist nicht nur eine sinnliche Angelegenheit, sondern auch eine seelische.

Die Wirkungen der Natur auf das seelische Empfinden des Wanderers sind so mannigfaltig, wie die Formen in denen sie selbst erscheint. Denn es ist nicht zu leugnen, daß der Anblick eines schroffen Felsens, wie Immermann ihn als »Beethovensche Symphonie in Stein«[14] beschreibt, daß der Anblick eines Wasserfalls, wie Heinse ihn am Rhein erlebt[15], beim Betrachter eine andere Regung hervorruft als ein Bach, der sich angenehm durch eine Wiese schlängelt. Hier öffnet sich zur äußeren Landschaft eine innere, und diese innere Landschaft der Seele sucht nach einer ihr entsprechenden in der sichtbaren Welt, ein Bild, in dem sie sich wiederfindet, in dem sie ihre Empfindungen ausgedrückt zu sehen glaubt. Sind es für die weltschmerzgeplagten Helden Rousseaus und Senancours die kahlen Felsen und die Gischt der Wellen, an denen ihre aufgewühlten Seelen Linderung erfahren[16], so findet ein liebender Wanderer wie Hesse in allem und jedem nur die Liebe zu einer Frau wieder[17]. Hier zeigt sich ein sympathetisches Verhältnis, in dem der Mensch mit der Natur und die Natur mit dem Menschen zu fühlen scheint.

Um solche Wirkungen zu erfahren, bedarf es lediglich einer gewissen Bereitschaft, sich einzulassen auf die kleinen und großen Ereignisse, die die Natur für uns bereithält. Das hat nichts zu tun mit der schwärmerischen Naturbegeisterung, der die Romantik bezichtigt wird. Eher mit der vielleicht mühevollen Einsicht, daß Natur etwas Lebendiges ist, daß sie eine eigenständige Existenz hat, zu der der Mensch nur annäherungsweise – jenseits instrumenteller Vernunft – einen Zugang findet. Denn obwohl er sich mit seiner Vernunft über sie erhoben hat, kann er seine Herkunft, seinen Ursprung noch immer spüren, kann

14 Vgl. Karl Immermann, ›*Eine Beethovensche Symphonie in Stein*‹.
15 Wilhelm Heinse, ›*Am Rheinfall*‹.
16 Vgl. Jean Jacques Rousseau, ›*Eine Seelenlandschaft*‹.
17 Vgl. Hermann Hesse, ›*Vom Eros des Wanderns*‹.

die Sympathie der Dinge erfahren, in der die Vielfalt der Natur zusammenspielt.

Ist so das Wandern vor allem eine Sache, die den sinnlichen und empfindsamen Menschen anspricht, so kann er dabei doch auch als vernünftiges Wesen auf seine Kosten kommen, denn wie auf seinen Körper und auf seine Seele, so wirkt die Bewegung in der Natur auch auf seinen Geist. Auch sein Denken bleibt nicht unberührt von den Erfahrungen der Wanderschaft. Zwar soll hier nicht die Meinung Nietzsches vertreten werden, daß nämlich nur die ergangenen Gedanken einen Wert haben[18], doch kann das Denken sehr wohl den Rhythmus des Ganges annehmen, genauso wie den des Sitzfleisches. Es ist die Erfahrung, daß das Gehen schon allein eine ungemein klärende Wirkung auf die Entwicklung der Gedanken haben kann, das rhythmische Gehen, das nicht nur für eine bessere Durchblutung des Gehirns sorgt, sondern auch zu einer entspannten und konzentrierten Haltung und zu dem Abstand führt, der nötig ist, um Probleme zu bedenken, die sich ›festgesetzt‹ haben.

Und Denken ›en passant‹ geht allein, wie zu zweit. Aber hier ist es nicht nur der Rhythmus, der ein Gespräch mitbestimmt; es ist vielmehr das Miteinander, das gemeinsame in eine Richtung Gehen und Denken, das die Bereitschaft fördert, zuzuhören und den Gedanken des anderen zu folgen. Der Dialog der Wanderer hat eine eigene Regie: Hier gibt es keine Kontrahenten, die sich gegenübersitzen und ihre Positionen aufeinanderprallen lassen; hier gibt es ›Weggenossen‹, vielleicht sogar Freunde, die ihre Gedanken austauschen, die vielleicht nur reden, was ihnen in den Sinn kommt, ein freies Assoziieren von Gedanken, das Schritt für Schritt zu einer Annäherung führen kann. Eine Annäherung, die am Abend bei einem wohlverdienten Essen mit einem guten Schoppen zu feiern sich lohnt.

18 Vgl. Friedrich Nietzsche, Sämtliche Werke. Kritische Studienausgabe in 15 Bänden. Herausgegeben von Giorgio Colli und Mazzino Moninari. Band 6: Götzen-Dämmerung, S. 64. Deutscher Taschenbuch Verlag und Walter de Gruyter Verlag, Berlin/New York 1980.

Führt also das Wandern zu einer körperlich-seelisch-moralischen Läuterung des Menschen? Nun – wer sich unbedingt mit solch hehren Ansprüchen auf den Weg machen will, dem könnte man mit Hölderlin sagen: »Raums genug ist für alle. Der Pfad ist keinem bezeichnet.«[19] Uns jedenfalls geht es nicht darum, den Wanderer durch das graue Tal der Theorie zu schicken, bevor es ihm vergönnt ist, den wahren Sinn des Wanderns zu erkennen. Ein solcher Sinn, wenn es ihn denn gibt, erschließt sich in ganz anderen Dingen, in kinderleichten Dingen, die sich auf Schritt und Tritt ergeben: »die Erde unter unseren Füßen fühlen; ein Steinchen mit der Fußspitze beiseite schleudern; ein Blatt im Gehen abreißen; stehenbleiben und sehen, was denn da im Bach herumkreiselt; aus dem Bach trinken; an die Häuser herangehen und sie mit den Händen befassen.«[20] Es sind diese einfachen Erfahrungen, die sich ganz von selbst ergeben, ohne daß man irgend etwas anderes dazu tun müßte, als draußen in der Natur den einen Fuß vor den anderen zu setzen.

Die Idee, dem Wanderer hierzu ein Begleitbuch an die Hand zu geben, entstand aus der persönlichen Erfahrung, daß das Wandern zwar den Königsweg zum Erlebnis der Natur darstellt, daß aber die Literatur in der Lage ist, den Blick zu schärfen für die Dinge, die wir manchmal sehen, ohne sie zu sehen. Mehr noch war es die Freude, ausgedrückt zu finden, was uns im Angesicht der Schönheit der Natur oft genug die Sprache verschlägt.

Nicht alle Texte, die hierzu ausgewählt wurden, stammen von Wanderern, sie stammen auch von Spaziergängern wie Thomas Mann oder von Waldbewohnern wie Thoreau, deren Naturbeobachtungen jedoch denen ihrer wandernden Kollegen in nichts nachstehen. Um ihre Begeisterung mitzuempfinden, wird jedoch ein Spaziergang nicht genügen. Hier muß man im wahrsten Sinne des Wortes ›weitergehn‹. Man muß sich die Mühe machen, einen Rucksack aufzusetzen und hinauszulau-

19 Friedrich Hölderlin, ›*An den Aether*‹.
20 Kurt Tucholsky, ›*Über Naturauffassung*‹.

fen, und noch ehe sich der erste Hunger einstellt, wird man spüren, wie diese Mühe sich verwandelt: in das ›Glück des Wanderns‹.

Quellenverzeichnis

Adorno, Theodor Wiesengrund
Amerikanische Landschaften, S. 179; aus Minima Moralia. © Suhrkamp Verlag, Frankfurt/M. 1951, S. 54-55.

Arnim, Bettina von
Mit einem vollen Herzen, S. 144; aus: Goethes Briefwechsel mit einem Kinde. Herausgegeben und eingeleitet von Waldemar Oehlke. © Insel Verlag, Frankfurt/M. 1984, S. 182-183.

Beauvoir, Simone de
Eine rastlose Einzel-gängerin, S. 194; aus: In den besten Jahren. Aus dem Französischen übertragen von Rolf Soellner. © Rowohlt Verlag, Reinbek bei Hamburg 1961, S. 80-83.

Becker Jürgen
Die Wirklichkeit der Landkartenzeichen, S. 26; aus: Umgebungen. © Suhrkamp Verlag, Frankfurt/M. 1970, S. 89-91.

Bloch, Ernst
Der nächste Baum, S. 45; aus: Spuren. © Suhrkamp Verlag, Berlin und Frankfurt/M. 1959, S. 205.

Bollnow, Otto Friedrich
Der Wanderpfad, S. 18; aus: Mensch und Raum. © W. Kohlhammer Verlag, Stuttgart 1963, S. 110-116, 7. Auflage 1994.

Büchner, Georg
Wanderung durch die Vogesen, S. 49; *Auf dem Kopfe gehen*, S. 103; aus: Werke und Briefe. © Deutscher Taschenbuch Verlag, München 1965, S. 160-161, S. 65-66.

Chatwin, Bruce
Die Natur der menschlichen Ruhelosigkeit, S. 199; aus: Traumpfade; aus dem Englischen von Anna Kamp. © Carl Hanser Verlag, München Wien 1990, S. 222-223.

Delacroix, Eugène
Die ganze Welt auf einem Quadratmeter, S. 75; aus: Literarische Werke. © Insel Verlag, Leipzig und Frankfurt/M. 1912, S. 384-386.

Eich, Günter
Alpinismus, S. 171; aus: Gesammelte Werke Band 1. © Suhrkamp Verlag, Frankfurt/M. 1973, S. 357.

Flake, Otto
Das Liebfrauental, S. 53; *Lob des Autos*, S. 160; *Abschied von der Stille*, S. 176; aus: Ein Leben am Oberrhein. Essays und Reiseskizzen aus dem Elsaß und aus Baden. Herausgegeben von Michael Farin. © Fischer Taschenbuch Verlag, Frankfurt/M. 1987, S. 139-142, S. 199-202, S. 215-219.

Flaubert, Gustave
Kleine Pfade. S. 15; *Das Spiel des Lichts*, S. 52; aus: Lehrjahre des Herzens. L'Education Sentimentale. Deutsch von Carolin Graehl.

Fontane, Theodor
Die Stille, S. 61; aus: Wanderungen durch die Mark Brandenburg. Herausgegeben von Helmuth Nürnberger. Erster Teil. Die Grafschaft Ruppin. © Carl Hanser Verlag, München Wien 1991, S. 331-332.

Frisch, Max
Hoch über dem Meer, S. 56; *Die ersten warmen Tage*, S. 92; aus: Stichworte. Ausgesucht von Uwe Johnson. © Suhrkamp Verlag, Frankfurt/M. 1975, S. 210-211, S. 159-161.

Giono, Jean
In der Stille des Morgens, S. 66; aus: Vom wahren Reichtum. Ein Stundenbuch aus der Provence. © Verlags AG Die Arche, Zürich, 1958.

Goethe, Johann Wolfgang von
Im hohen Gras, S. 71; aus: Die Leiden des jungen Werther. Goethes Werke. Weimarer Ausgabe, Bd. 19, S. 7–8.

Handke, Peter
Auf unsichtbaren Wegen, S. 112; aus: Die Wiederholung. © Suhrkamp Verlag, Frankfurt/M. 1986, S. 240-241.

Heinse, Wilhelm
Am Rheinfall, S. 73; aus: Ich - Natur und Welt. In: Vom großen Leben. Zusammengestellt von Richard Benz. Piper Verlag, München 1943, S. 61-63.

Herzog, Werner
Vom Gehen im Eis, S. 96; aus: Vom Gehen im Eis. München - Paris 23.11. - 14.12.1974. © Carl Hanser Verlag, München Wien 1978, S. 45-51.

Hesse, Hermann
Die heimliche Sehnsucht des Wanderers, S. 43; *Setze dich nieder, wo du willst*, S. 81; *Vom Eros des Wanderns*, S. 148; *Wanderer zwischen den Welten*, S. 192; aus: Wanderungen; in: Gesammelte Dichtungen, Dritter Band. © Suhrkamp Verlag, Frankfurt/M. 1957, S. 405-407, S. 402-403, S 393-395, S. 399-401.

Hirschfeld, Christian Cay Lorenz
Das Landleben, S. 72; aus: Abschnitte aus C.C.L. Hirschfelds Landleben. Bey den Gebrüdern Schumann, Zwickau 1817, S. 19-20.

Hofmannsthal, Hugo von
Das Geheimnis der Begegnung, S. 39; aus: Die Wege und die Begegnungen. In: Gesammelte Werke in Einzelausgaben, Prosa II. © Fischer Verlag, Frankfurt/M. 1959, S. 265-266, S. 383.

Hölderlin, Friedrich
Die Eichbäume, S. 13; *Der Wanderer*, S. 183; aus: Werke und Briefe: Herausgegeben von Friedrich Beißner und Jochen Schmidt. Band 1 Gedichte/Hyperion. Insel Verlag, Frankfurt/M. 1969, S. 20-21, S. 106-109.

Immermann, Karl
Eine Beethovensche Symphonie in Stein, S. 37; *Blick ins Tirol*, S. 50; *Falsche Wege*, S. 157; aus: Werke in fünf Bänden: Herausgegeben von Benno von Wiese. Vierter Band; Athenäum Verlag, Frankfurt/M. 1973, S. 322-323, S. 258-260, S. 424-425.

Kerouac, Jack
Kontemplationen eines Hippies, S. 138; aus: Gammler, Zen und hohe Berge. Aus dem Amerikanischen übertragen von Werner Burkhardt. © Rowohlt Taschenbuch Verlag, Reinbek bei Hamburg 1971, S. 49-50.

Kierkegaard, Sören
Ich habe mir die besten Gedanken angelaufen, S. 121; aus: Gesammelte Werke, 35. Abteilung: Briefe. Unter Mitarbeit von Rose Hirsch ausgewählt, neu geordnet und übersetzt von Emanuel Hirsch. Eugen Diederichs Verlag, Düsseldorf 1955, S. 168-169.

Kleist, Heinrich von
Von der Natur lernen, S. 117; *Liebesbriefe eines Wanderers*, S. 143; aus: Geschichte meiner Seele. Das Lebenszeugnis der Briefe. Herausgegeben von Helmut Sembdner. Insel Verlag, Frankfurt/M. 1977, S. 134-135, S. 74-75, S. 77-78.

Kunert, Günter
Geschichte einer Landschaft, S. 21; aus: Wanderwege - Jenseits der Sachsenkriege. Reflektionen im Elbsandsteingebirge; aus: Merianheft - Sachsen. Hoffmann und Campe Verlag, Hamburg 1990, S. 68.70. © beim Autor.

Lenz, Hermann
Kleine Schule der Empfindsamkeit, S. 83; aus: Der Wanderer. © Insel Verlag, Frankfurt/M. 1986, S. 133.

Mann, Thomas
Jenseits von Raum und Zeit, S. 111; aus: Der Zauberberg; in: Gesammelte Werke in Einzelbänden. Herausgegeben von Peter de Mendelssohn. © S. Fischer Verlag, Frankfurt/M. 1981, S. 764-766.

Modick, Klaus
Die Klugheit der Füße, S. 127; aus: Ins Blaue. © Rowohlt Taschenbuch Verlag, Reinbek bei Hamburg 1987, S. 164-166.

Nietzsche, Friedrich
Empfindung auf dem Lande, S. 122; *Von Wanderern und Philosophen*, S. 190; aus: Sämtliche Werke. Kritische Studienausgabe in 15 Bänden. Herausgegeben von Giorgio Colli und Mazzino Montinari. Band 2222: Menschliches, Allzumenschliches I und II. Deutscher Taschenbuch Verlag, München und Walter de Gruyter Verlag, Berlin/New York 1980, S. 234, S. 362-363.

Poe, Edgar Allan
Auf der Spur der Gedanken, S. 119; aus: Werke. Herausgegeben von Kuno Schuhmann und Hans Dieter Müller. Deutsch von Arno Schmidt und Hans Wollenschläger. Band 1. Die Morde in der Rue Morgue. Walter-Verlag, Olten/Freiburg im Breisgau 1966, S. 733-735. © Arno Schmidt Stiftung, Hamburg.

Proust, Marcel
Erinnerte Landschaften, S. 106; aus: Auf der Suche nach der verlorenen Zeit. Aus dem Französischen von Eva-Rechel-Mertens. Erster Teil: In Swanns Welt. © Suhrkamp Taschenbuch Verlag, Frankfurt/M. 1981, S. 243-247.

Riehl, Wilhelm Heinrich
Einsame Wanderschaft, S. 130; aus: Wanderbuch. Als zweiter Theil zu ›Land und Leute‹. Verlag der J.G. Cottaschen Buchhandlung, Stuttgart 1869, S. 5-7.

Roth, Josef
Wie gemalt, S. 159; aus: Joseph Roth. Werke. Band 1. © Verlag Kiepenheuer & Witsch Köln, und Verlag Allert de Lange, Amsterdam 1991, S. 795-796.

Rousseau, Jean Jacques
Eine Seelenlandschaft, S. 105; aus: Julie oder die neue Héloise. Briefe zweier Liebenden aus einer kleinen Stadt am Fuße der Alpen. In der ersten deutschen Übertragung von Johann Gottfried Gellius. © Artemis & Winkler Verlag, Düsseldorf und Zürich 1978/1966, S. 89.

Sand, George
Vier Arten zu reisen, S. 186; aus: Geschichte meines Lebens. Aus ihrem autobiographischen Werk ausgewählt und mit einer Einleitung versehen von Renate Wiggershaus. © InselVerlag, Frankfurt/M. 1978, S. 232-234.

Scharfe, Martin
Die alte Straße, S. 29; aus: Die alte Straße. Fragmente. In: Reisekultur. Von der Pilgerfahrt zum modernen Tourismus. Herausgegeben von Hermann Bausinger, Klaus Beyrer, Gottfried Korff. © Verlag C.H. Beck, München 1991, S. 11-12.

Schwitters, Kurt
Der eigene Weg, S. 17; aus: Das gesamte literarische Werk. Band 5. © DuMont Buchverlag, Köln 1973, S. 358.

Senancour, Etienne Pivert de
Die Schönheit einer Osterglocke, S. 33; *Töne einer Landschaft*, S. 61; aus: Oberman. Roman in Briefen. Aus dem Französischen übertragen und mit einem Nachwort von Jürg Peter Walser. © Insel Verlag, Frankfurt/M. 1982, S. 90, S. 123-126.

Seume, Johann Gottfried
Im Gehen geht es bessser, S. 118; aus: Mein Sommer. In: Sämtliche Werke in einem Bande. Hartknoch Verlag, Leipzig, 1837, S. 26.

Speidel, Ludwig
Für Ohr und Auge reichlich gesorgt, S. 64; aus: Wiener Landschaften. In Schriften, Zweiter Band. Wiener Frauen und anderes Wienerische. Bei Meyer und Jessen, Berlin 1910, S. 228-230.

Stevenson, Robert Louis
Eine Nacht unter Kiefern, S. 78; *Das Leben an den Sohlen spüren*, S. 189; aus: Reise mit dem Esel durch die Cevennen. Herausgegeben und ins Deut-

sche übertragen von Ulrich C.A. Krebs. © Büchergilde Gutenberg, Frankfurt/M. - Wien 1986, S. 118-123, S. 72.

Thoreau, Henry David
Der wahre Geschmack der Heidelbeere, S. 63; *Der natürliche Tag*, S. 77; *Die Morgenluft*, S. 89; aus: Walden oder Leben in den Wäldern. Aus dem Amerikanischen von Emma Emmerich und Tatjana Fischer. © der deutschen Übersetzung by Diogenes Verlag AG, Zürich 1979, S. 176, S. 117-118, S. 142-143.

Tieck, Ludwig
Wenn der Nebel aufreißt, S. 87; aus: Schriften, Band 23. Novellen. Eine Sommerreise. Verlag Georg Reimer, Berlin 1853, S. 25-27. *Die Ochsentour*, S. 153; aus: Schriften, Band 28. Novellen. Der junge Tischlermeister. Verlag Georg Reimer, Berlin 1854, S. 21-26.

Toepffer, Rodolphe
Ein Herz auf Reisen, S. 145; aus: Meistererzählungen. Sieben romantische Novellen ausgewählt und aus dem Französischen übertragen von H. Graef. Diogenes Verlag AG, Zürich 1964, S. 227-232.

Tucholsky, Kurt
Im dichten Nebel, S. 91; *Ein Wirtshaus im Spessart*, S. 134; *Über Naturauffassung*, S. 164; aus: Gesammelte Werke in zehn Bänden. Herausgegeben von Mary Gerold-Tucholsky und Fritz J. Raddatz. Band 5. © Rowohlt Verlag, Reinbek bei Hamburg 1960, S. 94-95 (Ein Pyrenäenbuch), S. 374-377, S. 98-102 (Ein Pyrenäenbuch).

Twain, Mark
Die Hohlköpfigkeit der Durchschnittsameise, S. 34; *Unter Freunden: Der Lauf der Unterhaltung*, S. 133; aus: M.T., Bummel durch Europa. Ausgewählte Werke in zwölf Bänden. Band 5. © Aufbau-Verlag, Berlin und Weimar 1963.

Wagner, Bernd
Abstieg aus dem Gebirge, S. 94; aus: Aufenthalte anderswo. Schriftsteller auf Reisen. Eine Anthologie. Zusammenstellung und Redaktion: Helga Pankoke. Aufbau Verlag, Berlin/Weimar 1976, S. 112-114.

Walser, Robert
Wandererphantasie, S. 41; aus: Poetenleben. © Suhrkamp Taschenbuch Verlag, Frankfurt/M. S. 7-9. *Spaziergang in einer glücklichen Menschenseele*, S. 109; *Scheinbarer Müßiggang*, S. 123; *Kritik des Autos*. S. 175; aus: Der Spaziergang, Sämtliche Werke, Band 5. © Suhrkamp Verlag, Zürich/Frank-

furt/M. 1985, mit Genehmigung der Inhaberin der Rechte, der Carl-Seelig-Stiftung, Zürich.

Whitman, Walt
Der Aufbruch, S. 10; *Beim Betreten eines langen Farmweges*, S. 15; *Eine menschliche Eigenheit* S. 132; aus: Tagebuch. Aus dem Englischen übersetzt von Götz Burkhardt. Herausgegeben von Eva Manske. Aus dem Amerikanischen übersetzt von Ana Maria Brock. © Reclam Verlag, Leipzig 1985, S. 114, S. 113-114, S. 137.

Bibliothek der Antike im dtv

Herausgegeben von Manfred Fuhrmann

Epos der Antike
Kassette mit 5 Bänden
dtv 59011

Homer: **Ilias**
dtv 2241

Homer:
Odyssee und Homerische Hymnen
dtv 2242

Vergil: **Aeneis**
dtv 2243

Ovid: **Metamorphosen**
dtv 2244

Hesiod/Vergil/Ovid:
Werke und Tage
Vom Landbau
Liebeskunst
dtv 2245

Erzählkunst der Antike
Kassette 5 Bände
dtv 59012

Longos/Achilleus Tatios:
Daphnis und Chloe
Leukippe und Kleitophon
dtv 2246

Heliodor:
Die Abenteuer der Schönen Chariklea
dtv 2247

Lukian:
Der Lügenfreund und andere Erzählungen
dtv 2248

Petron: **Satyrikon**
dtv 2249

Apuleius:
Der goldene Esel
dtv 2250

Drama der Antike
Kassette mit 5 Bänden
dtv 59013

Plautus/Terenz:
Die römische Komödie
dtv 2255

Geschichtsschreibung der Antike
Kassette mit 8 Bänden
dtv 59014